うまくやれる工学のアクティブラーニング

OJE

On the Job Education

大阪大学工学研究科ビジネスエンジニアリング専攻
神戸大学教授・米谷 淳（まいや きよし）
編 著

大阪大学出版会

はじめに

最近、「アクティブラーニング」が文部科学省の施策として大学に限らず高校などの教育にまで推奨されるようになり急速に注目を集めています。これは、学修者の能動的な学修への参加を取り入れた教授・学習法の総称ですが、ここで紹介する教育法はまさにこの範疇に入るものです。この本で紹介したいのは、大阪大学の大学院工学研究科ビジネスエンジニアリング専攻（ＢＥ専攻）で開発し実施してきた、工学分野の学生を対象とした教育法です。

我われは平成16年（２００４）の当専攻設立と同時にこの教育法の開発を始めましたので、本書の刊行時点ですでに12年間の、絶え間ない実施の蓄積があります。開始当時はアクティブラーニングという用語はまだほとんど知れ渡っておらず、我われは単に実践的演習と呼んでいました。対象を、工学を専門に学ぶ博士前期課程１年生（Ｍ１）に設定し、当専攻のフラッグシップ的な科目として実施してきた実績があり、現在でも進化を続けています。狙いは「変化の大きい社会に対応できる自律学習性を涵養すること」で、最先端の工学の研究指導や講義と並走できるようにも工夫してきました。

設立以来の時間と労力を注ぎ込んだ結果、最近は受講する学生も指導する教員も「うまくやれる」ようになりましたので、工学の教育現場での、アクティブラーニングのひとつの（成功）事例として紹介したいと思います。

　この科目の中身は「4～5人の班で活動する演習」で、修士論文研究とはまったく別物なのですが科目名称はビジネスエンジニアリング研究（ＢＥ《ビーイー》研究）としています。この演習の狙いは、高度な工学的な仕事への対応能力（コンピテンシー）の育成です。少し具体的にいうと、問題点を把握し解決する力、リーダーシップ、コミュニケーション力などを「自律的に学修」させることで、特定の技術を取得させようとするものではありません。急速に変化し続ける社会の中で、イノベーション創出が強く期待される工学系での大学（院）教育は、高度成長期にできあがった従来型だけで良いはずはないという問題意識が出発になっています。この演習授業の開発を始めた頃にはすでに「近頃の工学の学卒者や院卒者には専門知識を活用しビジネスにつなぐ事を考え実践の中から自ら学ぶ態度や力が欠けている」などと産業界から指摘があり[1]、それに対応する教育法を創ろうと考えたもので、この手法を我われはＯＪＥ《オージェイイー》法と名前を付けました。ＯＪＥとはOn the Job Educationの略で、「具体的な仕事を課題とした学修」との意を込めました。

　このＯＪＥ法による教育法を含めて、ビジネスエンジニアリング専攻に盛り込んだ新機軸のカリキュラムの立ち上げ時から、その内容と教育効果を評価することが必要と考え、この本の共著者である神戸大学の米谷《まいや》淳《きよし》教授に協力を依頼しました。米谷教授は大阪大学のＯＢでもあり、大学での教育法を研究対象とされ、神戸大学の教育システム改革の実務に長年携わっている方です。そして、その知識と経験に基づき、その後10年以上に渡ってＯＪＥ法の進化に伴走する教育学者となっていただき、助言を受けながら改善を継続してきました。また米谷教授によるインタビュー調査やアンケートの分析結果は、これまでの３００人を越える卒業生に非常に良好な教育効果を与えたことを示しています。さらにこの間、工学教育協会の講演会や論文で、ＯＪＥ法の改善や実施事例に関する報告を毎年欠かさず行い、複数回の賞も受けることができました。

本書ではこのＢＥ研究の実施内容と教育効果の評価結果を、実施例を交えながら紹介します。背景としてのアクティブラーニングの最近の動向の調査分析結果と我われのＯＪＥ法を照らし合わせ、その成功要因の分析・検討にも踏み込んで行きます。これらの内容を本書ではこの後、次に示す順番で紹介したいと思います。

第1章 ビジネスエンジニアリング専攻の生い立ち、設立背景、そして意義
第2章 演習科目「ＢＥ研究」の概要——ＯＪＥ法とは
第3章 ＢＥ研究の舞台裏をのぞく

（注1） たとえば、出川通（２００４）『技術経営の考え方－ＭＯＴと開発ベンチャーの現場から』光文社新書、延岡健太郎（２００６）『ＭＯＴ［技術経営］入門』日本経済新聞出版社など。

第4章　アクティブラーニングについて
第5章　ＯＪＥの教育評価と、やってみた教員と学生の本音
第6章　ＯＪＥ法指導の実際——指導のポイントを教えます

なお、本書はＢＥ専攻の専任教員（次頁にリストを示します）と米谷教授が共同で執筆した原稿に、連携教員の方の原稿も加えて構成したものです。第1～3章と第6章は主にＢＥ専攻の専任教員が、第4章は主に米谷教授が、第5章は米谷教授によるインタビューを含めてほぼ半々の寄与で執筆しました。第6章のほとんどは中川准教授が執筆したものです。それに加えて、途中にあるいくつかの部分やコラムには、専攻外の連携教員の方の寄稿によるものがあり、それらには寄稿者名を明記しています。全体の構成は専攻の専任教員である山本が関係者と相談して編集しました。

また、本文に詳しく説明していますが、ＯＪＥ法によるＢＥ研究の実施だけでなく開発の過程も含めて、ＢＥ専攻以外の学内部局の先生や民間企業に在職の方々の参画を得ることで特徴ある教育プログラムとすることができました。専攻設立以来、本書の執筆にあたり内外から参画して下さった方々は左記のとおりです。

―執筆者リスト（敬称略・五十音順　氏名・職名の下は専門分野）―

【神戸大学教授】

米谷《まいや》　淳《きよし》 教授
実験心理学・社会心理学

【大阪大学　ＢＥ専攻教員】

上西啓介 教授
マイクロ接合

大村悦二 教授
レーザー加工学

加賀有津子 教授
都市計画学

倉敷哲生 准教授
複合材料・信頼性工学（２０１４年５月から経済産業省戦略調整官）

武田裕之 講師
都市解析

清野智史 准教授
放射線科学

中川　貴 准教授
材料解析学

松村暢彦《のぶひこ》 准教授
交通土木学（２０１４年４月から愛媛大学教授）

森　裕章 准教授
溶接工学

向山和孝 助教
信頼性工学

山本孝夫 教授
ナノ粒子工学

若本和仁 准教授
建築学

【大阪大学内　ＢＥ専攻外の教員】

キャンパスデザイン室／池内祥見 助教

グローバルコラボレーションセンター／小峯茂嗣 特任助教

高度人材育成センター／北岡康夫 教授、黒崎史朋子 助教、瀬恒《せつね》謙太郎 教授、

根岸和政 講師

産学連携本部／池田順治 特任教授

パナソニック共同研究講座／北川雅俊 特任教授、森田幸弘 特任教授

【大阪大学外　連携教員】

大阪ガス（株）／篠原　祥招へい教授、濱　恵介招へい教授、松本　毅招へい教授、

柳父《やなふ》行二招へい教授

関西電力（株）／大磯眞一招へい教授、西村　陽招へい教授、松塚充弘招へい教授

川村義肢（株）／松田靖史招へい准教授

大成建設（株）／猪里孝司招へい教授

パナソニックヘルスケア（株）／平嶋竜一招へい准教授

（株）フェック／川井淳史招へい准教授

三星ダイヤモンド工業（株）／羽阪　登招へい教授

謝辞

このＢＥ研究、ＯＪＥ法を計画立案し初期の多くの問題を克服する先頭に立つだけでなく、その実施の場となるＢＥ専攻の計画と立ち上げ時の初代教授として先見の明と指導力を持って活動された、座古勝先生、鳴海邦碩先生、佐藤武彦先生には、深甚なる尊敬と感謝の気持ちを伝えたいと思います。また数年間のＢＥ研究の黎明期に指導にあたられた村田雅人先生にも深く感謝します。

大阪大学出版会の栗原佐智子氏からは、この本の企画を持ち込んで漠々としていた頃にはどんな本にするのか、原稿が集まり始めた頃には読める本にするための全体構成を、全体を集約する追い込みの時には、部分部分のつながりを考える細部の調整について、根気よく助言をもらい適切な編集をしてもらいました。また当専攻の社会人院生である川人よし恵氏からも本書の内容や構成に多くのコメントを得ました。この助力があってようやく本書をまとめることができたと思います。ここに深くお礼を申し上げます。ＢＥ専攻の教員は専門性が異なる分野で数ページの研究論文執筆に執心している研究者ですが、教育にかけてはこのＯＪＥを核にずっと心を一にして十年以上をすごし、協働してこのような一冊の本をつくるに至りました。これは驚きに近い喜びです。これに至るまで支援と励ましを下さった多くの学内外の関係者に心から感謝します。

なお、この本の出版にあたっては、科研費の補助を部分的に受けました。（挑戦的萌芽研究「新たな工学教育法ＯＪＥ法の人材育成効果の分析とさらなる進化の試み」、代表者／山本孝夫、平成25～27年、研究課題番号／２５５６００７７）

ＢＥ専攻を代表して　山本孝夫
２０１６年3月

うまくやれる工学のアクティブラーニング　O J E

contents

第3章 OJE法の舞台裏をのぞく

第4章 アクティブラーニングについて

第5章 OJEの教育評価と、やってみた教員と学生の本音

第１章

ビジネスエンジニアリング専攻の生い立ち、設立背景、そして意義

1 ビジネスエンジニアリング専攻の設立

2004年4月に大阪大学の大学院工学研究科に「ビジネスエンジニアリング専攻」という変わった名称の新しい専攻が設立されました。文字通りビジネスと工学を橋渡しする教育を目指したもので、当時は「文理融合」の具体的な取り組みはまだまだめずらしく、朝日や日経といったメジャー紙をはじめとした新聞にも取り上げられました。

当専攻の設立は、工学知識を持つ技術者・研究者に経営的なセンスを持たせることにより、さまざまな分野でイノベーションを起こせる人材、起業家精神を持つ人材など、産業界のリーディングエッジに立つ人材の輩出を意図したものです。そのような人材育成は、これまでの工学系の学部や大学院の教育体系では難しいと考え、工学を軸に専門知識を深めながら、経営学を含めた幅広い視点を育成する教育プログラムを組んでいます。これらのプログラムには、ふたつの画期的な特徴があります。ひとつは、当専攻で工学修士を2年間で修了すればその後、経営学修士（MBA）を1年に短縮して取得可能、すなわち、計3年で2つの修士号（ダブルメジャー）を取得できるMOT（Management Of Technology）コースを設置したことです。もうひとつは，工学や経営学の知識を学ばせるだけでは不十分と考え、知識を活用し自律的に身に付けるための少人数グループ制の実践型演習を課していることです。後者が本書の対象としている、ビジネスエンジニアリング研究（通称「BE研究」）という演習科目です。また、その教育手法にOJEというネーミングをしたのです。

2 ビジネスエンジニアリング専攻設立の経緯

１９９０年代以降の国立大学の教育は教養部廃止、大学院重点化、独法化の施策で大きくゆさぶられていました。工学系では特に、高度経済成長の終焉とその後のバブル崩壊から経済を再浮揚させるため、イノベーションにつなぐ教育研究が求められ始め、そして現在に至っていると考えられます。ものづくりに傾斜していた高度経済成長期は工学部も共に拡大膨張した良い時期でしたし、大学がどう教育しようと、素地のある学生は企業などが少しの時間をかけて訓練すれば、与えられた目標に向かって疾走できました。しかしその次に来た時代は、目標に走るだけの人材ではなく、研究開発成果や知識を素早くビジネスにつなぎ、出口を見つける人材を求め始めました。そして、世紀が変わる頃の大学には、産学連携、知財推進、起業などを誘導するための、大型の教育研究プロジェクト（21世紀ＣＯＥなど）が投入されました。

ビジネスエンジニアリング専攻（以下、ＢＥ専攻）が計画されたのはこの頃で、文部科学省の施策は次第に教育システム改革に向き始めていました。当時は、[2]ＭＯＴや[3]ＭＢＡの教育が冷戦終結後の米国経済の再生を支えたとして注目され、国内で多くの開校がありました。また、工学系の大学・大学院での教育内容を質的に転換すべきという産業界からの指摘や施策も継続的にありました。これらに対応して、大阪大学では工学と経済の研究科が検討を重ねた結果、相互にカリキュラムを連携してＢＥ専攻と経営学系専攻ＭＯＴコースをそれぞれに設置したのです。その時期は国立大学の独立法人化と同時期でした。

この専攻は、モノの価値は込められた知識が決める「知価社会」への変革が必要という理念に立脚しています。高度成長期に日本を支えた、「モノ」を大量に、安くつくり、品質を上げ、モノそのものの価値を追求し大成功を収めた社会から変身しなくてはならないのは必定ですが、なかなか進んではいないのです。特に工学教育では。我われが育成しようとする人材像は、高度な工学的専門性と経済・経営に関する知識を兼ね備え、異分野の融合・連携により工学的な研究開発や経営学的な戦略を企画・遂行できる「技術知」を身に付け、社会や経済の高度化・活性化に貢献する人材、としています。そして、養う力を次の三つに設定しています。

① 工学における世界最先端の専門的知識とそれを積極的に活用するための深い思考力
② 経済および経営に関する基礎的な知識
③ 工学や経営学を実社会に展開するための教養・デザイン力・国際性と行動力

（注２）Management Of Technology、技術経営
（注３）Master of Business Administration、経営学修士

3 新たな演習科目の形態、「ビジネスエンジニアリング研究」の創設

この三つの力を養うため、①には修士論文研究を従来どおり課し、②にはMOTコースのMBA基礎科目を研究科の枠を越えて履修科目に取り入れました。そして③のために新たな実践的演習を開発することにして、その内容を検討しました。当時すでに、PBL[4]は工学の大学院教育にも採用され始めていましたし、企業では長年OJT[5]の実績がありました。当然これらも検討したのですが、「与えられた具体的課題の解決」や「進行中の業務のための技能習得」の性格が色濃く、自ら考える態度を育て養うためには、今一歩もの足りないと感じました。そこで新たな形態の演習を自ら工夫して開発することにしました。これが本書で紹介する「ビジネスエンジニアリング研究（以下、BE研究）」という演習科目です。そしてその手法をOn the Job Education（以下、OJE法）と名付け、この教育手法開発が専攻の使命のひとつとなったと言えます。

この演習科目の具体的な進め方や舞台裏の紹介は後の章に譲って、ここではその概要だけ説明します。BE研究は修士課程に入学した初年度に取り組む通年の必修科目の演習で、4～5人が班を組んで取り組みます。班の編成に際しては、違う研究室の所属者ができるだけ混在するように配慮し、班ごとに設定される課題は研究室の研究テーマと離れたものとして設定しています。そのような社会性と時事性を持つ「活きた」課題をできるだけ設定するため、民間企業等からの連携教員の協力を得ています。これらの課題は一見すると、工学や技術と直接関連

しないようなものですが、課題解決には何らかの工学を活かした検討やビジネス提案などを含めたものを求めています。この連携教員と専任教員がペアを組んで班を指導し、アウトプットとして中間発表会、最終発表会、報告書作成などを課しています。重視しているのは、時間をかけて班員間で議論させ、多くを自ら考えて決めさせることです。従来のＯＪＴやＰＢＬよりも成果に至るプロセスを重視し、指導教員はできるだけ表に出ないよう心がけます。かなり漠としたテーマを与えて、はじめに学生を惑わせ「うまくいかない」と感じさせ、その反動から自律的に考え的を絞り込むことで提案や試作物に至らせ、「うまくやれる」ようにするのです。また、演習活動に対する評価をどこかの学外機関から受けてこさせ、社会との接点を持たせることにも心掛けます。これらの結果として、場合によっては良い成果が得られることもあり、コンペでの受賞や自治体や大学の施策に採択されたことあります。このようなやり方に落ち着くのに数年はかかったのですが、今では「うまくやれる」ようになり、学生にも良い教育効果を与えていることが履修アンケートや[6]インタビュー調査からみられます。

（注４）Project-Based Learning あるいは Problem-Based Learning、課題解決型学習。本書でも第３章で解説している。
（注５）On the Job Training、日常業務を通じた従業員教育。
（注６）たとえば、履修後の学生に履修価値を５段階評価で問うたところ、平均が４・５点程度となる結果を平成18～25年に渡って継続して得られている。アンケートを含めた内容は後の章で紹介する。

4 ビジネスエンジニアリング専攻、ＯＪＥ法が必要とされた社会的背景

ＢＥ専攻やＯＪＥ法の社会の中での位置づけを考える材料として、当専攻が設立された２００４年の前後、そして現状を含む大学（特に理工系）の教育に対する社会からの声とその変化をここで少々振り返ってみます。我われはＯＪＥ法がこれらに応えた教育になったと思うからです。工学系の大学教育と学外からのそれへの期待の間にはギャップがあって、ＢＥ専攻ができる前から今に至るまで継続しているようです。10年以上前にこのギャップを埋めようと我われが始めたＢＥ専攻、ＯＪＥ法を軌道に載せて、うまくやれるようになるのに数年はかかりました。うまくやれるようになってから思います。小手先ではできなかったなと。ギャップが埋まらないのは、やらないから、あるいは2～3年限定のプロジェクトなどでやろうとするからです。ＢＥ専攻は、退路を断って[7]（断たれて？）やったからできた、と思います。

（1）人材育成面での企業の期待と大学・大学院での取り組みのギャップ

２００４年に経団連が企業や理系大学（院）に対して行った[8]調査結果は、両者間の意識のギャップと立場の乖離が大きいことを示しました。この年は奇しくもＢＥ専攻の設立の年ですが、同様の指摘はその前からも散見していました。ここでは次の三点を指摘します。

①「専門に関連する他領域の基礎知識も身につけさせる」ことに対して、大学側は59％が教

育面で特に注力していると回答したが、企業は34％しか大学側に期待しておらず、倍近くのギャップがある。

②「ディベート、プレゼンテーションを訓練する」ことに対して、大学側は25％が教育面で特に注力していると回答したが、企業は10％しか期待していない。ここも倍以上のギャップである。

③「理論に加えて、実社会とのつながりを意識した教育を行う」ということに対して、企業は31％が大学側に期待しているのに、大学側は16％しか注力していると回答しておらず、半分ほどの（逆）[9]ギャップが見られる。

①②は、大学が注力しているのに企業側はそれほど求めていませんが、③では逆に大学側が企業側の期待に応えていません。③には「実社会とのつながり」という大学がすぐに対応しづらい要素が含まれ、立ち後れていたのでしょう。

（注7）これについては、8で改めて触れる。
（注8）「企業の求める人材像についてのアンケート結果」２００４年 日本経団連から。
https://www.keidanren.or.jp/japanese/policy/2004/083.pdf
（注9）しかし、「専門分野の知識をしっかり身に付けさせる」「知識や情報を集めて自らの考えを導く訓練をする」「国際コミュニケーション能力、異文化理解能力を高める」などについては、企業側と大学側で同程度に重視しており両者間のギャップは目立たない。

経団連はこの2004年の結果と比較できる項目を含んだ調査を2011年にも実施しました。[10]企業が理系大学（院）生に期待することを問う中で、「論理的思考力や課題解決能力を身につける」が「専門分野の知識を身につける」をわずかですが上回ったのです。2004年では、「専門分野の知識……」は期待する項目の中で最多で、大学側が注力している項目としても最多でした。なお、2004年の調査では、「論理的思考力や課題……」の質問はなかったのですが、よく似た「知識や情報を集めて自らの考えを導く訓練をする」は「専門分野の知識……」よりも約1割低く、この7年間で逆転したのです。また、2011年には企業側が求める、大学が取り組みを強化すべき項目、が調査されています。その調査結果によると、「教育法の改善（双方向型、学生参加型、体験活動を含む多様な授業の実施）」が最多で、次いで「大学教員の教育力向上に向けた取り組みの強化」が求められています。バブル以降の産業界は「技術で勝り、事業で負ける」という低迷期を経験し、学生に求める「質」が変わったけれども、それに対応した大学側の変化が遅れていると考えられます。

（2）大学教育への国民の評価や政府の方策

2011年の[11]世論調査では、「世界に通用する人材を育てることができていると思うか」、「企業や社会が求める人材を育てることができていると思うか」との質問に、それぞれ「できている26%、できていない63%、その他・無回答11%」、「できている25%、できていない64%、その他・無回答11%」と結果が出ています。6割を越える国民が「日本の大学が、世界に通用する人材や企業、社会が求める人材を育てていないと見ているのです。また、[12]ベネッセの調べによると、学習や課外活動に積極的な「活性（アクティブ）」な学生の比率は、大学の入学試験時の偏差値と関係なくほぼ同じで、いわゆる働きバチの法則に一致しているということです。一流と言われる大学も、教育の観点では二流並みと見られているのかもしれません。

　このような背景があり、国もずっと大学改革を政策に掲げ続けています。総理大臣が開催する教育再生実行会議（座長は鎌田早大総長）が２０１３年に出した、三次提言は「これからの大学教育等の在り方について」と題され、２０１７年までの５年を「大学改革実行集中期間」と位置づけ、次の５つのような方策を国家戦略として、直ちに取り組むべきと政府に提言しました。この中には、ＢＥ専攻、ＯＪＥ法に当てはまる多くのキーワード（傍線を施しました）が含まれています。

①グローバル化に対応した教育環境づくりを進める。
②社会を牽引するイノベーション創出のための教育・研究環境づくりを進める。
●技術と経営を俯瞰できる人材の育成

（注10）「産業界の求める人材像と大学教育への期待に関するアンケート結果」２０１１年（社）日本経済団体連合会から。
https://www.keidanren.or.jp/japanese/policy/2011/005/
（注11）２０１１年1月1日朝日新聞18面、「教育」をテーマにした全国世論調査から。
（注12）２０１３年 2〜3月号 Between pp.23-27.「活動意欲の高い学生は どんな大学情報に動機付けられたか」
http://shinken-ad.co.jp/between/backnumber/pdf/2013_2_tokubetsu.pdf

●理工系人材育成戦略と、それを踏まえた教育・研究組織の再編成や整備への支援。
●若者の起業家精神を育むとともに、経済・経営系を中心とした学部・大学院のカリキュラムの大胆な転換、教育機能の強化を促進する。
●専門分野の枠を超えた体系的な大学院教育の構築と充実。
③学生を鍛え上げ社会に送り出す教育機能を強化する。
●学生の能動的な活動を取り入れた授業や学習法（アクティブラーニング）、双方向の授業展開など教育方法の質的転換。
●学内だけに閉じた教育活動ではなく、キャリア教育や中長期のインターンシップ、農山漁村も含めた地域におけるフィールドワーク等の体験型授業の充実を通じて社会との接続を意識した教育の強化。
●地域の人材育成ニーズに応え、地域に貢献できるよう、地方公共団体や地域の産業界等との連携協力や、実践的な教育プログラムの提供などの取組を国が支援。
④大学等における社会人の学び直し機能を強化する。
⑤大学のガバナンス改革、財政基盤の確立により経営基盤を強化する。

5 ビジネスエンジニアリング専攻の枠組み

このビジネスエンジニアリング専攻（ＢＥ専攻）の組織的な枠組みもここで簡単に説明しておきます[13]。学部は持たない大学院だけを担当している専攻で、専任教員は10人と小規模ですが、組織上は機械工学や応用化学などの伝統的な専攻と同じ位置づけにあって独立した入試を行い、33人の学年定員を持ちます[14]。入学者のほとんどは理工系学部と高専専攻科の修了者で、約半数は大阪大学工学部の外から来ています。入学前の専門性は機械・電気・材料・化学・建築・土木・原子力・環境・物理・農学・生物……と多様で、理科系（医薬系を除く）のほぼすべてを網羅しています。学内の他学部（理や基礎工）からの入学者もほぼ毎年います。

専任教員は全員が工学研究者で、独立した研究室で数人の学生の修士論文指導を行っています。この点では従来の専攻と同じで、これは工学修士としての専門性の涵養は必須と考えているからです。専任教員はもちろんＢＥ専攻独自の授業を行いますが、他専攻との各自の関係を持った研究活動と工学専門科目の授業も行います。大学院生はいずれかの研究室に所属し個人の課題として修士論文研究を遂行します。これも従来専攻と同じです。大半の院生はＢＥ入学時にその研究室に入るので、学部等での卒論テーマは継続せず、類似の専門性の研究室で修士

（注13）詳細は専攻のホームページ、http://www.mit.eng.osaka-u.ac.jp/ や専攻ポリシー、http://www.mit.eng.osaka-u.ac.jp/degreeprogram/program_be.pdf を参照。
（注14）工学研究科全体の定員は学年で８００人近いので、その約４％である。

論文のテーマを再設定します。しかし数人は思い切って専門を大きく変えることになります。例外的ですが、他専攻の教員が研究指導だけを担当することもあります。これは、BE教員の専門外の研究を追求しながらもBEの教育を強く希望する学生を対象として、例年一人いるかいないかの、まれな措置です。

OJE法の開発と実施はこれら専任教員が中心となり、企業等からの連携教員の協力を得て進めてきました。先に述べたようにこの「BE研究」という演習は、所属研究室の枠を超えた班分けを行い、さらに演習課題も研究室のテーマとは一線を画しており、専任教員の研究テーマも多様です（都市計画、溶接接合、材料科学、レーザー加工、複合材料、等々）。つまりBE専攻は特定の工学要素に縛られずに、新たな工学教育を存立理由とした、これまでの工学研究科に類がなかった専攻です。ここまで説明したBE専攻の枠組みを改めて箇条書きにしてみると次のようになります。

①専任教員で構成された大学院生定員を持つ専攻だが学部は持たない
②特定の工学の専門性に立脚した専攻ではない
③教員は研究室を持ちそれぞれの専門性を追求し大学院生の研究指導をする
④新たな工学教育法の開発と実践を使命としている
⑤演習には教員全員が参加するが研究室の専門性は持ち込まない
⑥演習の班分けは所属研究室の枠を超えて行う

6 ビジネスエンジニアリング専攻のカリキュラム

このような教育目標を達成するための教育研究システムの概要を、図1・1のカリキュラムマップに示しています。

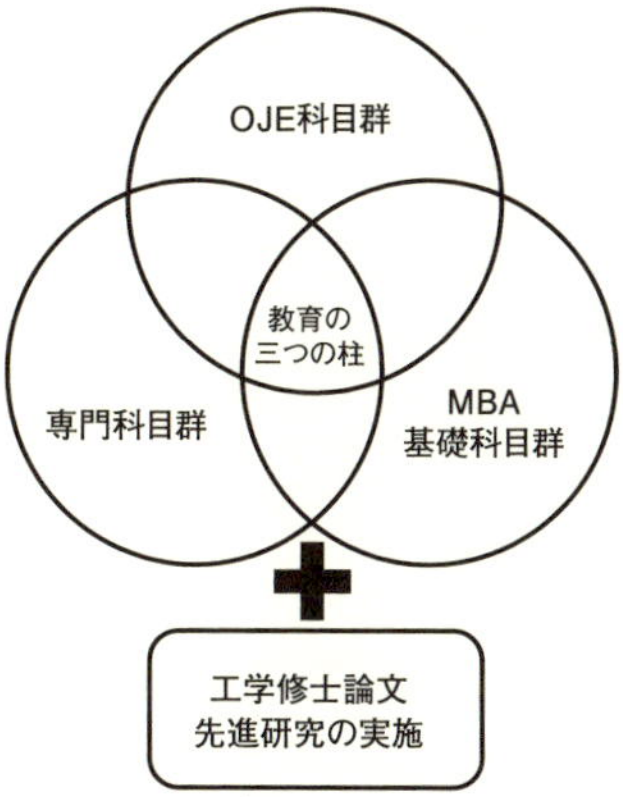

図1.1　ビジネスエンジニアリング専攻のカリキュラムマップ

教育の3つの柱として、工学を軸とした「専門科目群」、経営学系専攻とリンクした経営学の基礎的知識を教授する「MBA基礎科目群」、そして「OJE科目群」を立てています。これらの授業科目に加え、院生がそれぞれの専門分野での先進的な修士論文研究を各研究で行うこととしています。このうちOJE科目群とは、OJE法による演習を取り入れて運用している複数の科目群のことで、本書の対象である「BE研究」もこれに含まれます。

MBA基礎科目[15]は大阪大学大学院の経済学研究科経営学系専攻がMOTコースで開講してい

（注15）つぎの7科目が提供されている。組織管理、マネジメントコントロール、統計基礎、ストラテジー／マーケティング、オペレーションズリサーチ／マネジメントサイエンス、ヒューマン・リソース・マネジメント、アカウンティング／ファイナンス。

る科目です。これを履修して得た単位を最大で10単位まで修了要件にカウントしています。これらは選択科目とし、工学の展開に活かすための基礎知識と位置づけています。経営学の勉強をさらに続けて、工学との融合を目指す意欲が強い院生は、この10単位取得を条件にMOTコースに進学して1年の短縮コースで（通常は2年）経営学修士（MBA）の学位を取得できます。つまり3年で修士の学位が2つ取得可能で、専攻の大きな特徴としています。すでに70人超のこのようなダブルディグリーホルダーを輩出しています。

7 レベルを下げない研究や工学専門性との両立

BE専攻の院生にも修士論文研究が課されるので研究室活動が必須で、論文課題に関連した授業も他専攻、他研究科のものを含め選んで履修します。専攻発足当初からMBA基礎科目や新演習のために時間が取られ、修士として専門性の掘り下げ不足にならないか、との懸念がありました。しかしやってみれば心配はなく、成果の学会発表や論文執筆も行っています。これは、演習や授業での特徴があっても、院生が長く時間を過ごすのが所属研究室であるし、学生のタイムマネジメントの能力が育つからでしょう。実際、それがBE研究で意識して指導している項目のひとつです。また、教員の論文や学会での発表や科研費等の外部資金獲得、さらには日本学術振興会の特別研究員の採択状況といった面でも、従来型専攻と比較して遜色はありません。さらに、博士後期課程も設置されており研究追求型の従来通りの博士育成の機能を持ち、技術のマネジメントや戦略の要素を含んだ研究の審査も専攻外の教授を審査員に含めて行っています。この「研究レベルを下げない」はBE教員には当初はプレッシャーでした。というのは、工学系では一般的なことなのですが、専攻として研究科内で存続して行くには、院生にも教員にも評価指標として研究業績が求められるからです。研究と教育法開発の両立が求められた始めのうちは試行錯誤もあって、簡単ではありませんでした。しかし、これもやってみるとできたのです。

8 やればできる（精神論ではない）

うまくやる方法を知っていた訳ではなく、やり続けたということです。やり続けた理由は、独立した専攻なので逃げ場がなかった、ということで、決して精神論ではありません。一般に大学での多くの教育改革の試行はプロジェクト予算をベースに進めることが多いのです。採択されると大抵は専攻や研究科横断型の新機軸の教育プログラムが動きます。実施のために非常勤雇用の方々を含んだチームが組織されます。しかし予算は3年から5年の期間限定です。それ以降は「自立して継続せよ！」ということで始まるのですが、大抵は何かしらの片鱗を残すものの、教育システムは実質的に元に戻ってしまいます。これには、次のような背景があるからです。

工学系の専攻は伝統的な技術要素ごとに設置されていて、各々に研究することと教えることが絡み合った岩盤的な体系があります。新機軸の教育を入れ込む隙間はなかなかありません。どの教科も「必要です」、「減らせません」であり、研究も「岩盤に沿って」、です。さらに教員評価や任用の視座もこの岩盤上です。しかし院生を教育することは研究推進に重要なため、教育改革のプロジェクトが募集されると、逃しては大変なので獲得とその遂行には尽力します。しかし予算が切れると推進チームも解散され、エネルギーも手間も必要な新機軸は失速して元の岩盤上に片鱗が残るだけです。工学系専攻の教育に新機軸を定着させるのは非常に難しいのです。

ところが、ＢＥ専攻は研究の基盤成分を持たずに独立の専攻として発足し、しかも教育の新機軸の開発を目指すことになったのです。時限のプロジェクト組織ではないため、幸いにも元に戻るべき岩盤もありませんでした。専攻の立ち上げと存続のため、時限を待つこともできず、時間と労力を問わずに取り組んだということです。また、教員は工学研究者ですので、この教育タスクを言い訳に研究レベルの低下に甘んじる選択はあり得ず、両立の道を探ったのです。そして、数年はかかったのですが、「うまくやれる」状態に至ったのです。振り返ってみると、この組織形態は重要な要素だと思います。時間切れを待ったり、言い訳したりせずにやればできる、ということです。

9 ビジネスエンジニアリング専攻、ＯＪＥ法の現状と意義

（1）変化に対応できる人材の育成法

このように、従来型専攻と生い立ちが違うBE専攻という場で、ＯＪＥという教育手法を立ち上げ、社会の要請にかなり応えられる教育システムができたと思います。実際、卒業生の評価は高く就職は良好であるし、このＯＪＥ法と3年間で工学修士とＭＢＡというダブルメジャーを売りにした学内外から志望者集めにも成功しています。特に最近は、ＯＪＥ演習をやりたくて志望する学生が増えたように感じます。

高度成長期に拡張した重工業など伝統的産業のいくつかが目に見えて収縮し、新たな産業が立ち上がって行きますが、工学系大学院の人材育成システムは先に述べたような岩盤上にあります。卒業し就職する学生は当然、学んだことと実際に就く仕事のミスマッチや、その後のさらなる変化に直面します。ほんとうに重要なのは、その変化に対応する能力です。

ＯＪＥ法では、「うまくいかない状態」から自分の頭で考えて、グループで議論しながら問題の核心を見つけて解決策にたどり付く経験（できれば、うまくやれたという成功体験）をさ

せているのです。ミスマッチや変化に対応する素地を鍛えているとも言えるでしょう。当然、何かしらの専門性を身に付けるためには、工学教育の岩盤上での教え込みも必要です。ＢＥ専攻は両者を並行させた工学教育をしている場になったのだと思います。

（２）「うまくいかない」から「うまくやれる」

数年かけて「うまくやれる」ようになりましたが、これに至るまで教員は「うまくいかない」状態を繰り返し経験していました。なぜかといえば、つまり、教員もこのやり方を誰にも教えてもらったことはなかったからです。しかし幸いにも、先述したように我われには退路がないのでやり続け、教員同士が話し合って問題解決に努めたからです。教員が自律的に解決法を学び続けたということで、これがＯＪＥ法で学生達を指導する重要なポイントです。第３章に示すＯＪＥ法の進め方の説明のなかで連携教員も含めた「教員連絡会」が紹介されますが、これが、教員側が学び続ける場になっていると思います。学び続けないと、変化の激しい社会に対応できないし、人材を育てる教員にもなれないということでしょう。期間限定のプロジェクト予算による新機軸の定着が難しい理由はここにあると思います。

（３）やってみませんか

もし、このようなやり方に価値を感じて自分たちも始めようとするグループがあれば、工学系の専攻組織としての我われの形態に注目して欲しいと思います。研究と教育の岩盤の一角が崩れ、そして継続性が担保されたところに我われの成功は根差していました。組織の設置理由を教育としながら、教員が工学研究者として活動できる仕組みは必要で、一見難しそうですが全体組織の一部変更で、それが可能となった例を我われは実証できたと思っています。ただし、学内外の多様な背景を持つ連携教員の協力は重要です。いまの大学は産学連携の研究活動が盛んで多くの企業出身者や、研究以外の多様な業務を担う人材が特任教員などとして在職しています。これらの方々の中にも教育に意欲を持ち、協力してくれる方が多くいるのは確かです。

我われがたどった多くの苦労を飛ばして、似た教育体制や演習を実施することは可能だと思います。そのようなグループが出てくることも期待しています。もしやりたいと思っても、その時はこの本だけでは不十分かと思いますので、連絡をもらえれば協力いたします。

Column 1

ビジネスって何だ？　工学系はどんな人材を育成すべき？

松村暢彦

私はビジネスエンジニアリング専攻が発足した２００４年４月から10年間、准教授として在籍していました。ＢＥ専攻に異動するのが決まってからしばらくの間、専攻の名前に少なからず戸惑いを感じていました。私の専門は地域計画や土木計画で、地域価値の創造、公共的福祉の向上といった視点はあっても、いわゆるビジネス、お金儲けからはほど遠い世界に身を置いていました。そんな折に、ＢＥ専攻で同じ研究室に所属することになる鳴海邦碩先生が「松村さん、ビジネスとは技術を社会化することです」と何気ない会話のなかでつぶやくようにおっしゃっていたのを今でも覚えています。私自身は、大学の研究者ですが胸を張って社会に通用する新技術を開発してきたとはいえません。しかし、専門家として、より豊かな社会を目指して、都市計画や土木計画づくりのお手伝いや、市民まちづくり活動を多様な主体と連携しながら進めてきた経験、つまり社会化する経験については、喜びも辛さもそれなりに知っているつもりでした。ですから、「ああ、それなら私もできるかもしれない」と少し先行きが明るくなったのを思い出します。

ひるがえって大学教育、特に工学教育を見てみると、最近では、専門的な知識だけではなく、コミュニケーションスキルの習得も重視されるようになってきました。しかしながら、その習得した専門力やコミュニケーション力を何のために使うのか、どのような社会を目指すべきなのかを考える機会はありません。さらに、生の社会との接点は限られており、自分（たち）が持っている知識を活かして社会を動かしていく経験ができません。そこで、単に「専門的な知識を使って提案してみました」という研究室のテーマの延長上ではなく、大きなテーマ設定のなかでチームで目指すべき社会の方向性を議論し、問題設定を行ったのちに、そのような社会を目指す計画づくり、ものづくり、活動づくり、組織づくりを生の社会のステークホルダーと議論しながら、粘り強く働きかけていく実践型の教育を行っていく必要性に気づきました。私自身は、そのときはじめてビジネスエンジニアリング専攻のミッションが腑におちました。

それ以降、自分なりに考えてきた工学系人材育成像が下図です。大学ですので、専門的な知識や技術を身に付けて「専門力」を養うことは当然です。それだけではなく、目指すべき社会を考え続ける「理念力」と社会に働きかける「行動力」、そして、それらの要素をマネジメントする「マネジメント力」の重要性にも学生自身が気づくことが必要になってきます。この理念力、行動力、マネジメント力の芽をつくるのがＯＪＥ教育の役割になります。できれば、自分が社会を動かしていく実感を得られるならいうことなしかと思います。

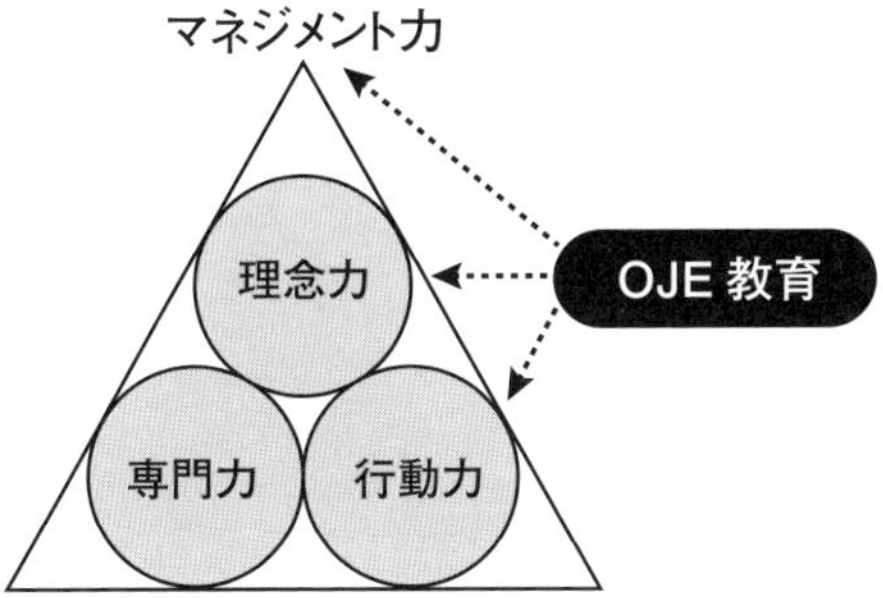

第２章　演習科目「ＢＥ研究」の概要——ＯＪＥ法とは

1 「BE研究」って何ですか？

「BE研究って何ですか?」と問われることがよくあります。ひとつの答え方として、「修士論文以外にもうひとつ論文を書くようなものです」という説明をすることもあります。修士論文は言うまでもなく、研究室での高度な工学研究に基づいて個人で2年間かけて作成します。OJE法による代表的講義であるBE研究は、4〜5名でグループ演習を行い、最終的には修士論文並みの発表や報告書の作成をグループで行うものです。ただしOJE法で設定される課題が対象とすることや検討の視点は、修士論文研究と大きく違います。BE研究では、班の構成員の背景は多様で異なりますが、ひとつのテーマに取り組み、議論と合意形成を重ねながら結論にたどり着くために活動します。その教育法が当専攻で開発したOJE法です。

ここではまず、その進め方を受講する学生の視点から説明します。次章「OJE法の舞台裏をのぞく」では、なぜそうしているか、などのもう一歩立ち入った指導者側からの視点の説明をしたいと思います。

2 「BE研究」の枠組み

まずBE研究の枠組みを、シラバスの記載のように箇条書きすると次のとおりです。

① 週に1回2コマ連続で行う演習科目
② 1～2学期の通年の必修科目で4単位
③ 指導担当はBE専攻の全教員に加えて数人の連携教員
④ 成績は班の担当教員が各院生を採点した後に全体で調整

もう少し具体的な演習形態も説明すると次のようなものです。

① 班ごとの担当教員がそれぞれ異なる演習課題を提示する
② 班分けは課題の希望を聞くが学生配置の偏りは避ける
③ 演習場所は班の数だけ小部屋を確保
④ 時間割から外れたフィールドワーク等も実施
⑤ 班ごとに数万円の予算を確保（交通費、調査費など）

このように、あくまでも時間割表に割り当てられた時間内に実施する演習科目で、時間外活動も他の授業などと干渉しないように調整して行います。課題の内容によっては学外調査などが多く含まれることもありますが、時間や移動の負荷が行きすぎないように配慮しています。

経費的には小規模なものしか専攻では持ちません。しかし、別プロジェクトとリンクした課題で別予算を持って進めることは少なくはありません。

次に、一年間をかけた演習において、実体験を踏まえながら習得させる能力と教員育成のポイントは次の通りです。

【実施・体験させること】

①徹底したグループ討論
②試行錯誤プロセス
③現場調査とヒアリング
④ビジネスモデル提案
⑤プレゼンテーション
⑥役割分担
⑦試作・作製
⑧評価すること、されること、代替案検討力

【修得させる力】

①コミュニケーション力
②螺旋的思考力

③調査能力
④経済性評価力
⑤プレゼンテーション力
⑥ワークシェア・タイムマネジメント
⑦実行力・行動力
⑧分析力・評価力

このように、自ら考え、議論し、調査し、決断し、案を作成し、行動し、表現する、といった実社会の仕事の流れを体験させ、それぞれの力を育成します。それぞれの演習課題を題材としたこの演習を通じて、問題の核心を的確に抽出して解決策の提案を説得力あるプレゼンテーションも含めてできるような人材を育てようとしています。そのために自ら考え、自分たちで議論し判断して、説得材料となる行動ができるように指導するのです。

このＢＥ研究の特徴のひとつは、特定の技術領域（機械や電気や化学といった）での専門力を育てようとしてはいないことです。そもそもＢＥ専攻には特定の技術領域に縛られてはいません。この演習の課題もそうです。ねらうのは、どんな領域の仕事であろうと、また複数の領域にまたがった融合的な仕事で特に求められる[16]汎用的能力（コンピテンシー）のある人材の育成なのです。言い換えると、研究開発からビジネス展開に至るまでの仕事で求められる異分野の技術や知識を融合して問題解決ができる人材の育成と言ってもよいでしょう。そのために、実社会や企業活動に接点を持つ課題を学外の招へい教員の協力を得て設定した上で、4名程度の少人数の班編成で取り組ませます。これらの課題は、教員の研究者としての専門性から離れたものを除外せず（むしろ奨励し）、学生たちが取り組む修士論文研究の課題とは一線を画しているのです。また、さまざまな人や団体へのヒアリングや企業訪問によって実社会活動に直接触れることを励行し、演習結果は学外への提案や発表などに反映させるようにしています。これらは将来多くの学生が就くことになる業務を先取りして体験させているようなものです。そのような側面があることから、Internship on Campusという呼び方もしています。また、産学連携教育を行っている、という言い方もできるかもしれません。

このような新機軸を含めた提案プロジェクトは、これまでいくつかの政府の教育改革事業に採択されています。[17] また、この教育法の開発の経緯を開発開始から毎年、工学教育の代表的な学協会である日本工学教育協会において発表するなどの活動が評価され、同協会から業績賞を2回授与されています（平成20・24年度）。

（注16）これについては、第4章**6**で説明。
（注17）平成17～18年度 文部科学省「魅力ある大学院教育イニシアチブ」、平成17～18年度 経済産業省 産学連携中核人材育成事業、平成20～22年度 文部科学省「大学院教育改革支援プログラム」。

3 成果よりもプロセスを重視

ＢＥ研究、ＯＪＥ法の開発と実施の過程で教員の口に出されるスローガン的な言葉が「成果よりもプロセス重視」です。これは、演習課題を追求しての成果の優劣を競うのではなく、成果に至った演習の過程を重視して学んで欲しいということです。ここでいう過程、「演習プロセス」とは会議のやり方やアイデア出しの方法といった、グループワークにおけるテクニックの習得のみを意図している訳ではありません。図２・１は一般的なグループワークにおけるアウトプット（成果）とアウトカムの違いを説明するフロー図です。これは、本書の共著者である米谷教授との議論に基づくものです。グループは当然ですが成果を出すことを目指して活動するので、何かしらの成果[18]（時として素晴らしい成果）を出しますが、成果を得ることだけではメンバーは必ずしも成長しま

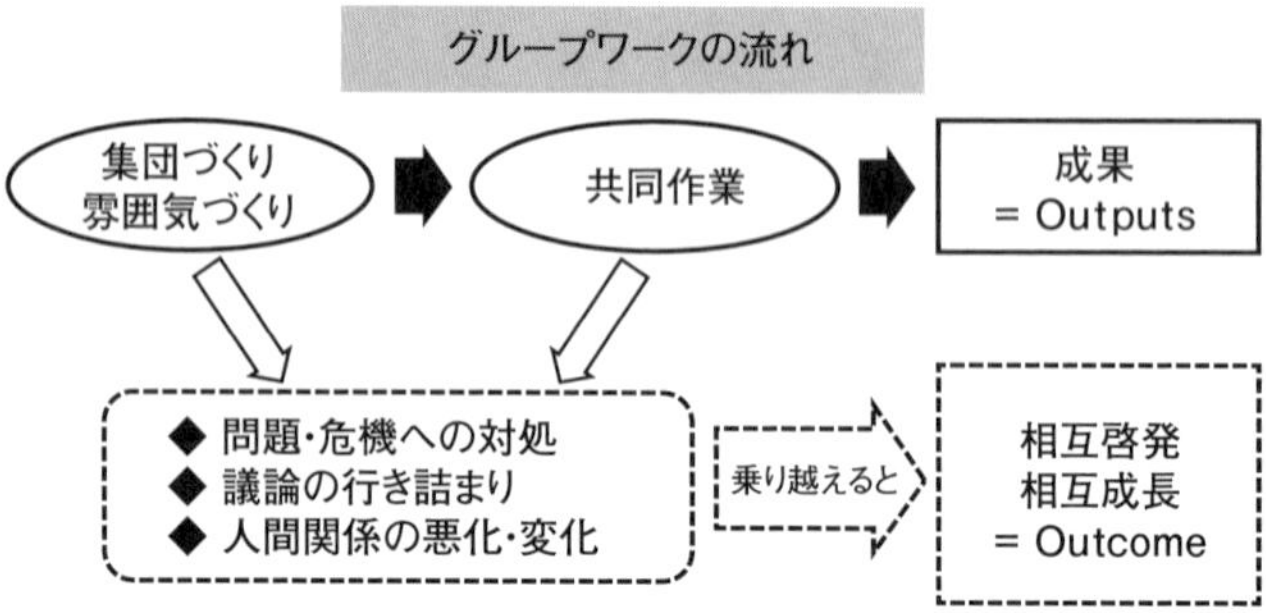

図 2.1 「成果よりもプロセスを重視する」とは？

せん。単にその活動体験によって、特定のマニュアルができたとか、特定のスキルを修得したとか、という結果だけになりかねません。それよりも、結果としての成果の質は問わないとしても、それに至るプロセスで学習することが重要、と考えての演習指導がBE専攻研究、OJE法なのです。つまり、成果に至るまでには必ずと言ってよいほど、さまざまな問題（時としては危機とも言える）事態が発生し、それらへの対処が要求されるはずです。これらに対処するためのさまざまな場面ではメンバーが発生した事態を理解し、対策を練り出して乗り越えて行きます。このプロセスこそが何かを生み出す重要な場面であり、メンバー間での相互啓発と相互成長が進むのです（アウトカム）。たとえ課題を完全に解決できなくても（つまり、良い成果が得られることよりも）、これらのプロセスでの成長を期待するところにBE研究やOJE狙いはあります。言い換えると、成果（アウトプット）よりも学生に与えた影響（アウトカム）を重視するという方針です。

グループワークの観点からのプロセスを述べましたが、もうひとつの観点からのプロセスについても触れておきたいと思います。図2・2に示すよう演習のゴールへの進め方にもさまざまな方法があります。たとえば、技術シーズから攻めるのとニーズから攻める場合とでは検討プロセスが違います。さらにターゲット（提案）が固まった場合にはどのように洗練させていくかという、また違ったプロセスもあります。山の頂上にたどり着くのに、どのようなプロセ

（注18）BE研究の演習結果が受賞した例として、経済産業省 社会人基礎力育成グランプリ（平成22年度／「最新技術を伝統工芸に活かす」班）、滋賀経済同友会 奨励賞（平成18年度／「街づくり企画」班）等がある。

スを経るのか、それも一つのプロセスだけではなく多角的に考えて進めていくことが重要です。BE研究では常に、別の道の可能性はないのか、別の道よりこれが優れているのか、それは何故か、といった問いかけをしながら進めます。

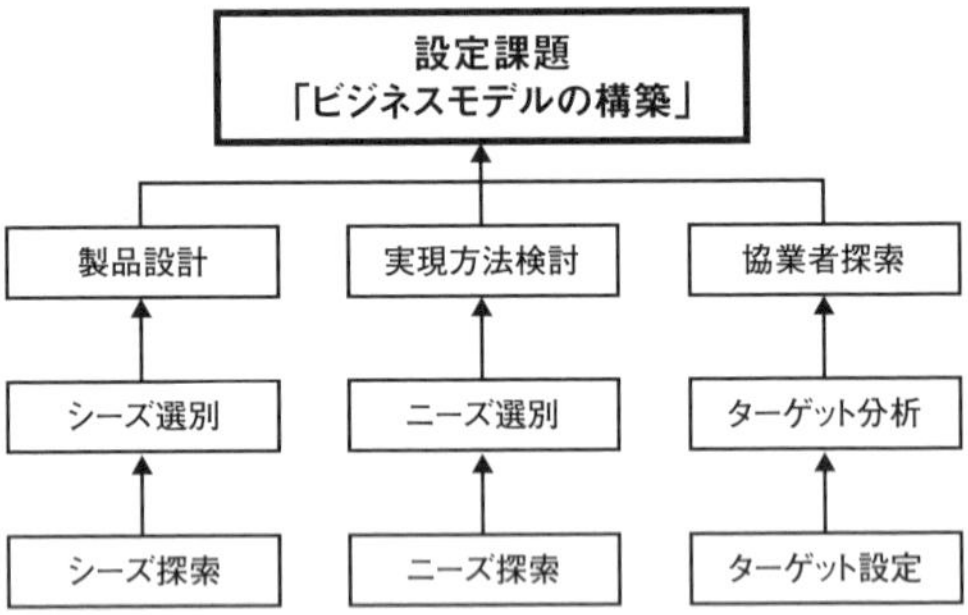

図 2.2　アウトプットへのプロセスは一つではない

たとえば、「ビジネスモデルを構築せよ」という課題が与えられた場合でも、いくつもの検討プロセスがあり得る。技術シーズを出発点として検討する場合もあれば（左）、ニーズ調査を元に検討する場合（中）、あるいはターゲット（提案）ありきで理論武装を固める場合（右）もあり得る。

4「BE研究」の進め方

ここでは、BE研究の進め方について紹介したいと思います。BE研究の年間スケジュールを図2・3に示します。演習のチェックポイントとして、年間で3回の発表会を行っています。1学期中間発表会（5月下旬）、1学期発表会（7月末）、最終発表会（12月末）です。これらには班員全員が登壇してプレゼンテーションを行います。聴衆は学年全員と指導にあたった教員全員に加えて、前年度にＢＥ研究の受講経験者である博士前期課程２年（Ｍ２）も全員が出席します。さらには、演習活動で接触のあった学外の関係者も出席することがしばしばあります。質疑応答も重視しており、発表準備には想定問答も大きなポイントです。また、他の班の発表にいかに的確に質問できるかも意識するよう指導しています。次に、時系列に沿って紹介していきます。

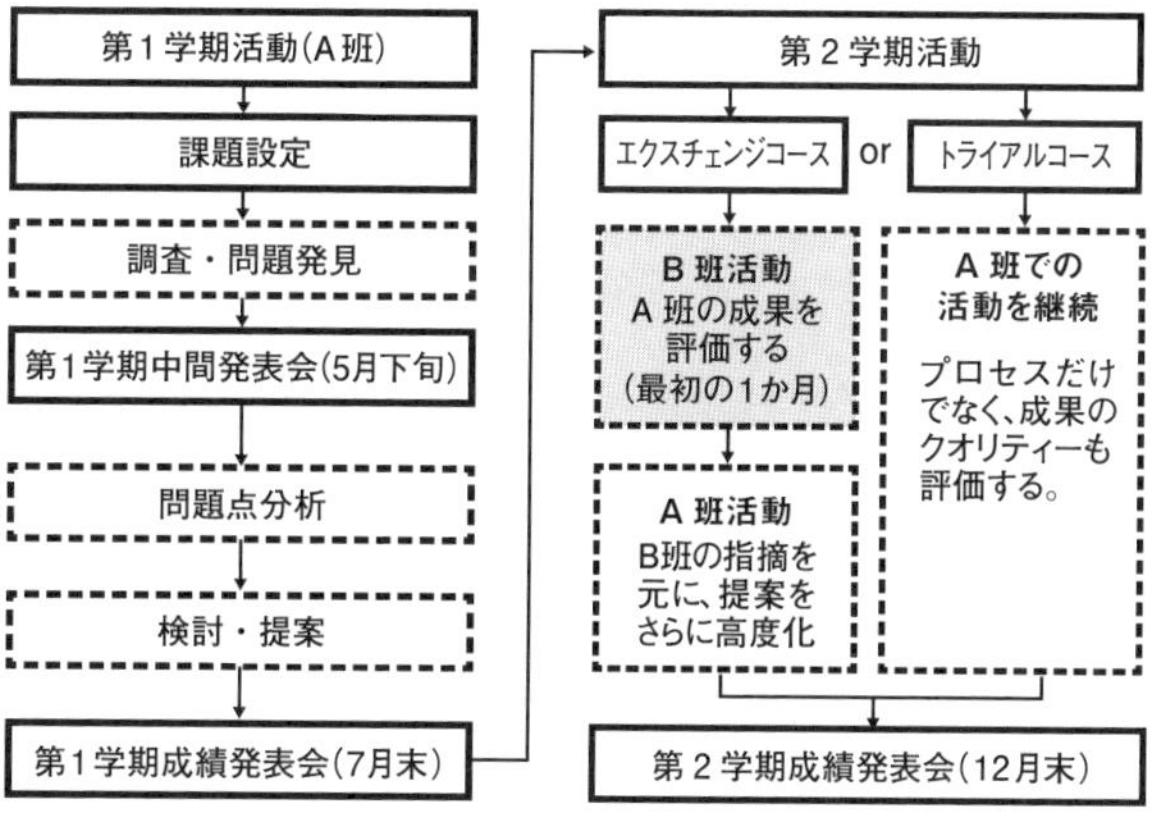

図 2.3　BE 研究の年間スケジュール

第1学期の活動班をA班と呼び、第2学期にはエクスチェンジコースとしてメンバーを変えたB班をつくり、1か月間活動する。トライアルコースについては第6章のポイント❿を参照。

（1）1学期の始まり

通年の科目であるBE研究の第1学期は、班分けと課題提示から始まります。全員がほぼ初対面ですし、演習課題は学生たちがまったく初めて聞く内容ですので議論もなかなか進まないのが普通です。しかも、ここで教員から説明される課題は、学生たちにとってすぐに出口が見えるようなものではなく、いったい何が求められているのかを直感できないような漠としたもの、明快な解のないものとして工夫されています。これまでに実施された課題のリストは、巻末の付録・資料Aにまとめていますので、ご一読下さい。課題の例をひとつ紹介すると、次のようなものです。

「あなたはA市商工会議所のある部会の主査である。地域資源（工業資源、農林資源、地元企業製品、人材・技術など）を活用し、どのように関西圏での広域連携を推進すれば、地元産業を発展させることができるか？　その方策を主査として検討せよ」

これは、実在の市役所との関係を背景にある教員が立案した課題です。[19] しかしA市から具体的にこの内容を依頼されたのでもなく、当然この教員もすでに具体的な答えを持っているわけでもありませんし、A市でこれに類似した具体的プロジェクトが計画されているわけでもありません。つまり、本当に答えがないのです。ただ、この教員は市長を含めた市役所との関係を持っているため、現地調査やヒアリングの取り次ぎや基本的資料などの便宜は学生に提供できます。ただ、どの団体の誰の話を聞きに行くのか、何を質問しに行くのか、といった絞り込みは学生の議論にゆだねる、というような具合です。このような状態を出発点として、後は班内で学生達が調査・検討などを進めていくこととなります。

5月末頃には全員集合の中間発表会があり、7月末には学期末の報告会と報告書提出、というスケジュールも知らされます。課題に対して具体的に何を調べるのか、何を検討するのか、何を提案すべきなのか、という班員の話合いが始まります。しかし経験の少ない学生たち、指示にしたがって用意された解に誘導されるのを待って育ってきた学生たちにとっては、いきなり「うまくいかない」感に満たされた状況に陥ります。

(2) 1学期の中間発表まで

先が見通せないながらも、学生たちは必死に演習に取り組みます。まずは、設定された研究テーマの「自分たちなりの解釈」をすることに力を注ぐことになります。1学期中間発表までの多くの時間は、与えられたテーマをどう解釈して何をすべきかについて議論しながらも、発散して収束せず、「うまくいかない」戸惑いを体験しています。これは指導側の狙い通りであり、一度惑わせるというのがBE研究の進め方のひとつのポイントです。そのうち先生が方向性を教えてくれるだろうとの依頼心や、こぢんまりと無難に上手にまとめ上げる優等生的な妥協を

(注19) これは実在の、徳島県阿南市を対象としたプロジェクトで、詳しい背景は後の事例紹介で紹介している。

諦めさせる期間と考えています。中間発表会では、与えられたテーマをどのように捉えたのか、これからどのように進めるのかについてのプレゼンテーションを行います。大抵の場合、テーマ解釈の浅はかさや構築した論理性の甘さについて、先輩学生からの鋭い指摘を受けてしまいますが、これが非常に大事なポイントです。指導教員が指摘してしまうと、学生側が「正解」として捉えてしまうリスクがあるのでそれを回避できます。一度ＢＥ研究を体験しつつも、当該課題に無関係な先輩だからこそ、学生の自覚を促す的確な指摘が行えているように思います。

（3）1学期の成果発表会にむけて

この中間発表を終えてレベルアップした学生は、1学期末に向けて演習活動を加速させていきます。自立の必要性を感じ、調べた情報の共有、議論や決断、認識の統一、次のステップ、などのグループワークの進め方や仕組みが少々わかるようになり、ようやく方向性と具体的ターゲットも朧気ながら見え始めるようです。その一方で、演習が進めば進むほど、「答えがない課題」の難しさがより明確化していきます。「答えがある」問題への対処がどれだけ上手にできる学生であっても、この難問を前に悶絶します。グループワークという演習の性質からも、メンバー間での意見対立や、ゴールを焦るあまりに議論が飛躍するといった場面が、多々見られるようになります。そのような場面では、教員が多すぎず少なすぎず、タイミングを見計らいつつ、適切な助言を行う必要があります。教員の腕の見せ所の一つです。

1学期末報告会[20]では、班ごとに25分程度のプレゼンテーション[21]と報告書[22]の提出が求められます。中間発表とは異なり、1学期末までのほぼ4か月にわたる活動をまとめた「成果」の報告を求めています。しかし、ただ単に成果を述べるだけではなく、中間発表以降の具体化した検討内容をプレゼンテーションに反映させるための論理の組み立ての必要性を意識させます。ヒアリングやフィールドワークを含めた調査と分析、さらには班内でのブレーンストーミング等の議論を踏まえて自分たちで定めた演習課題に対する解決の方針と手段を報告させます。もちろんそれに至った議論や調査分析の経緯も含めてです。さらに、2学期末に向けてその方針と手段をより具体的な提案・提言・試作としてゆく作業方針も求めています。これらのプレゼンテーションと報告書作成の準備作業は梅雨から盛夏の季節にあたるので、学生にとっては気力体力知力が求められる、ちょっとした山場です。これを乗り越えた学生には一段階の成長が感じられます。

(4) 2学期活動のスタート――エクスチェンジの設定

第2学期は、**2**で示した教育育成のポイントにある⑧の「評価する力・代替案検討力」を育成するための「エクスチェンジコース」に移行することから始めます。ここでは、1学期に編成した班(A班)を一旦解体し、別の顔ぶれで構成した班(B班)をそれぞれの課題に割り当

(注20) この内容や様子については後に説明する。
(注21) 質疑応答時間も15分程。
(注22) 報告書の頁数は特に決めていないが、約20~30頁。

て、A班の活動内容をチェックさせるという仕掛けです。[23] B班の編成は学生の希望は聞かずにランダムに決めています。この班分けは1学期末の成績発表会の直前に行い、学生自身はB班ではどの課題に当ててられるのかを認識して発表を聞き、夏休み中にはA班の報告書を読める時間を持てるように配慮しています。

夏休み後に再開される2学期の最初の1か月間を、B班の活動期間として設定します。B班には異なった角度からの分析と改善の提案をさせて、最終的にA班に向けた意見書を作成させます。A班の1学期成果報告を、どの角度から分析するのか、あるいはどのような改善点があるのかは、当然のことながら学生主導で行います。教員は、A班の議論がどのように行われていたかや、A班がなぜその結論に至ったか等、報告書からは読み取れない部分についての情報提供は行います。

(5) 学外でのプレゼン、反応・手応えを得る

エクスチェンジコースでのB班の活動を終えると、活動のターゲットも絞り込まれてきて、最終形態が見え始めます。課題は実社会と接点を持つものとしているので演習成果は、大学外部に提案してその反応を得てくることを推奨しており、テーマ設定の際に予めその工夫を仕込んでおくことも多くあります。その反応や受けた評価も踏まえた上で最終とりまとめに入ります。どこに提案するかは教員から提示されることも班内の議論で自ら決めることもあります。例としては、「省エネ・低炭素化のマーケティング革新と新たなビジネスモデル構築」という

課題ではフィールドに選定した会社（電力計、計測シスシステム、配電盤などの製造販売会社）に新ビジネスの提案をプレゼンして、同社の社長以下のスタッフからコメントを得てきました。また、「地域資源を活かした体験学習の実現化・徳島県阿南市」という課題では、大阪大学近辺の子供達を現地に引率して現地の自然や地場産業に触れて体験させるツアーイベントを実施して、市長以下の市役所職員と協働しています。このように、自分たちの1年近い実践活動に対する実社会からの反応を体感した上で、専攻での第2学期成果発表会に臨みます。

(6) 発表会、プレゼン、報告書、成績評価

2学期に入るとまずエクスチェンジ演習が1か月あり、B班として1学期の他班の報告書を批評し新たな視点から検討しますが、それが終わると自分たちにも意見書が返ってきます。意見書を書いた仲間も、各自のテーマで1学期に苦労した成長と経験があるため、短い期間に鋭い突っ込みに満ちた意見が出てきます。教員側から見ていると、1学期にずっと批評に曝されたからであることは明らかで、こういう成長は実践演習でこそ得られると実感します。その後は、やるべき事がかなり明瞭に見えてきますが、締切が迫ってくる一方でなかなか仕事が進まないことを実感する段階に入ります。学生たちはタイムマネジメントの重要性を実感することになります。先述した外部での発表やプレゼンを行いながら、時間切れ直前のホットな時期を

（注23）例外的に「トライアルコース」としてA班活動を継続することも可能としている。これは、時間のかかる具体的な試行や試作にチャレンジする必要がある場合に認めている。

経験して年末の頃に開催される最終発表会に臨むことになります。

最終発表会に至った時には、学生たちはすでに日々の演習に加えて学外活動や複数回の発表やその準備の過程でかなり訓練されています。プレゼンのスキルはもちろんですが、質問されても、物おじすることが減り、かみ合った質疑応答が結構できるようになります。これには、聴衆になる側の学生にB班活動で時間を掛けて報告書を読み、しっかりと内容を把握した者がいる、という理由もあるでしょう。もちろん、聴衆にはM２の学生も加わっていて、前年の経験者として先鋭化した質問なりコメントを吐くこともあります。さらには、これらの表向きの演習の時間以外にも、同学年の学生たちは、研究室は違っても同じ建物の中に居て授業では同席するという日常の中で、それぞれの演習課題を話題とすることが多く、質疑応答の背景ができているのかと思われます。いずれにしても、このような演習を経て、班の内外、専攻の内外、大学の内外とコミュニケーションを取りながら仕事を進める能力が養われます。

これらの最終発表の後には、最終的な記録として残す報告書の提出を求めています。分量的には、冒頭に述べたように、修士論文程度の数十ページのものが出てきます。これらは、ＣＤやサーバーにファイルとして残されます。

ＢＥ研究の成績評価は、結果に至るまでのプロセスをどのように研鑽していったかという点を重視しています。そのチームの提案にどのように貢献したのか、どう議論をリードしていったのか、あるいは意見をまとめていったのか、チームにとってマイルストーンとなるアクションかあったなどがチェック項目になっています。しかし、まったく結果は出さなくていいのかということではありません。ポイントは「結果に至るまで」という点にあります。結果も提案もなければ、そのプロセスは評価できません。結果のみで判断するのではありませんが、実際は、ある程度の結果も求めています。各班の指導教員が所属メンバーの採点を行い、主担当者が集約の上、最終的な成績を決定します。

(7) ラーニングポートフォリオと感想文でセルフチェック

BE研究を受講する学生には、ガイダンスの時に次に説明するラーニングポートフォリオを提示しています。これは、この科目で自分たちがこの演習を通じて「何を身につけるのか」「どのような能力が必要なのか」などを自覚させ、これらの可視化(見える化)を図るものです．我われが採用した項目は、社会人基礎力[24]を参考にアレンジしたものです。これらは次のように①〜③の3つの能力に大別され、さらに細分化された12の能力要素からなっています。

① 前に踏み出す力/「主体性」「働きかけ力」「実行力」
② 考え抜く力/「課題発見能力」「デザイン力」「創造性」
③ チームで働く力/「発信力」「傾聴力」「柔軟性」「状況把握力」「規律性」「ストレスコントロール」

(注24) 経済産業省が提唱し始めたもので「職場や地域社会で多様な人々と仕事をしていくために必要な基礎的な力」とされる。「社会人基礎力プロジェクト」が大阪大学内で行われた際にBE専攻が関与・協力したことがきっかけでポートフォリオに取り入れた。

学生達には、ＢＥ研究の履修の開始時（つまり初期状態）を自己評価（それぞれ5段階評価）することから始め、３回の発表会の直後にその時点での自己評価を記入させています。また、指導教員も各学生への評価を同じ項目に渡って３回の発表会のタイミングで記入していきます。これによって、学生たちはそれぞれの演習課題を題材にしながら、自らのどんな能力要素を磨いて行くのかを認識することができます。また経時的な変化(成長)を振り返り自己チェックすることもできます。またこれと併せて、完全に自由記述形式の感想文も発表会ごとに書かせています。

自己評価と教員の評価を突き合わせ、両者のズレを学生たちにフィードバックし他者（指導教員）からどう評価されているのかを知る機会とすることも試みつつあります。学生個人と教員は毎週顔を合わせますが、感想文とこのポートフォリオは、教員と学生との個人的なコミュニケーションツールとなっています。これらのポートフォリオなどのデータやフィードバックを教員が個々の学生や班活動の指導にどう使うかについては、後の章でも改めて紹介します。

(8) アンケート、インタビューでチェックとフィードバック

毎年ＢＥ研究の最終報告が終わった頃に、その履修を終えたＭ1生に対してアンケート調査を行っています。Ｍ2生に対しては修士論文発表を終えた卒業間際の頃にアンケート調査を行います。これは継続的に行ってきており過去10年ほどのデータ量があります。専攻独自に実施してきたもので、回答率は高く8割程度を維持しています。これは新たな専攻、ＢＥ研究、

ＯＪＥといった教育システムの新機軸を立ち上げる時期に、それらの試みがうまく行っているのかをチェックする必要から始めたものです。このアンケートの実施内容やデータの分析や解釈については、開始当初から今に至るまで米谷教授に助言を得てきました。当初から、学生の匿名性を担保するため質問と回答の学生とのやりとりは、業者を介して行い、加工されたデータだけを専攻で受け取るやり方です。アンケート内容は、ＢＥ研究だけでなく、専攻で実施されている教育や研究を対象としており、質問の方法は、５段階評価での評点付けに加えて自由記述欄を設けています。設問の対象は図１・１のカリキュラムマップにある授業の３本柱である、専門講義、ＯＪＥ科目、ＭＯＴ科目に加えて、専攻全体で、という大括にした質問もあります。設問の内容は多く例としては、「内容難易度は？」「分量は？」「履修価値は？」「教員の熱意は？」などといった質問群です。また、向上したと感じる能力として、プレゼンテーション力、コミュニケーション力、チームでの作業能力、問題発見力、などについて評点を求めるものもあります。内容や結果、それらの分析については第４章で紹介します。

これらのアンケート結果は、当然ですが、教育システムの改善にフィードバックするために、専攻内の教員連絡会（第３章**1**参照）の話題とされます。また、これらのアンケート結果の報告書は事務室に置かれており、学生たちが閲覧できるようにしています。

Column 2

社会を考え続ける力

松村暢彦

学生には、コラム1で述べた専門力、理念力、行動力、マネジメント力のなかでも特に「理念力」、つまりよりよい社会、より豊かな社会とは何かを考えることを続けて欲しいと願っています。工学系は、よくも悪くも社会との接点を持っています。社会はより便利に快適にという効率性の理だけで成り立っているわけではありません。効率性以外にも、倫理的、道徳的に善いというのも理の一つであり、美しいというのもその一つです。よりよい社会とは、こうした複合した理のもとで広義の意味において合理的に考えていく必要があります。したがって、よりよい社会をつくるとは、単一の目的を純粋に追求することで得られるような単純なものではありません。かならず、トレードオフの関係にあるジレンマを抱えています。それに目を向けて、よりよい社会をつくっていくために、われわれは何を選択すべきなのか（OJE教育のテーマをどう進めるべきか）を、チームで悩みぬいて判断していくことが必要になってきます。

たとえば世界で爆発的に売れ、文化的背景を考慮した模範例としてよく引き合いに出されていたメッカフォンを考えてみましょう。メッカフォンは1日5回の礼拝の時間になったらメッカの方向を知らせてくれるという機能を持っています。確かに礼拝をするという行為だけをみれば、礼拝を忘れることなく正確な方向で拝むこともできるという意味で「便利」なものといえるでしょう。ここで礼拝の持つ意味を考えてみましょう。そもそも1日の間に5回もの礼拝の時間を設けるのは、常に自分の中に神と一対一で向き合う姿勢を保持し続けることを期待していると私は考えます。メッカフォンを使うと礼拝の時間以外は礼拝のことを忘れて他のことに没頭できるかもしれませんが、その分だけ自分と神が向き合う時間が少なくなり、イスラムの教えに沿う行為かどうかは、はなはだ疑わしいと感じます。とすればメッカフォンが普及することによって、確かに「便利」で「効率的」な生活が送ることができますが、その一方でイスラム圏の道徳的な崩壊を助けるかもしれませんし、イスラム圏の美徳に合わない生き方を拡大させるきっかけになるかもしれません。実際にどうなるかが問題ではなく、メッカフォンを提案するときにそのような社会の姿まで考えたのか、そこに目線があったのかが問題になります。

実際にOJE教育で担当した万博公園の活性化（平成24年度設定テーマ。巻末付録参照）を例にしてみます。万博公園は1970年の大阪万博の跡地につくられた北大阪地域の貴重な緑地で、隣接地のエキスポランド跡地の開発を機にこれをどう活かしていくかという課題でした。利用者や管理団体へヒアリングを重ねたところ、公園としては

管理が行き届いて良好な環境が維持されていて、しかも安定した黒字経営が続いていました。一つの考え方としては、入場料を下げることによってもっとたくさんの人に利用してもらう、たとえば現在はペット禁止になっているのを、利用者の声を反映してペットも入場可にするなどの提案もあります。もう一つの考え方としては、公園としてではなく、大阪万博跡地としての歴史を引き続く施設という見方に着目する提案もあるでしょう。実際に、森だったところを造成して万博を開催したのですが、万博後「100年かけて〝自立した森〟を再生する」という理念の元に現在では生態系を取り戻しています。経済合理性ではなく、価値観を先取りした考え方とそれを貫いた整備の先見性こそが資産ではないかという考え方です。他にも空間としてとらえて、緑地と隣接する商業施設を活かしたコンパクトシティとして良好な住宅地をつくるというのもあるかもしれません。

チーム内では、さまざまな万博公園はどうあるべきか、どう社会に貢献すべきかについて、社会の価値観の変遷からはじめてかなり突っ込んだ議論が続きました。結局は、大阪万博の人類の進歩と調和の精神を引き継ぐ学習施設を提案することになりました。この提案（成果）が重要なのではなく、提案に至る中で、あるべき社会について、チーム内、そして管理団体と価値観をぶつけ合ったプロセスにこそ価値があります。

第３章　ＯＪＥ法の舞台裏をのぞく

1 新年度の計画方法と「BE研究」テーマの決め方

この章では「BE研究」を、それを計画・運営し、実際に指導している教員側の視点から紹介したいと思います。BE研究の指導にあたる教員は、専攻の専任教員（全員が工学の研究者）に加えて多くの専攻外の教員の方の参画を得ています。民間企業（電力、ガス、ゼネコン、電機、半導体加工、義肢製造、コンサル……）からの招へい教員や学内他部局の専任教員や特任教員の方々です。中には、この演習科目を過去に受講していた卒業生が指導側にまわっている方が二人います。一人は企業に在職中で、もう一人は企業経験を経た学内他部局教員です。また、企業が大阪大学内に設けた協働研究所に在職し、特任教員となっている方にも参画してもらっています。さらには、学内の特殊なミッション（産学連携など）を担う部署に所属しながら、教育に強い思いを持つ教員の方々の参画も得ています。このような教員に加えて、前年度に受講生であったMOTコース進学者の中からTA（ティーチングアシスタント）が各班にメンターとしてサポート役として随時加わります。このように、多彩な教員とTAが連携して、ベテラン、中堅、新進気鋭の先生方が学生を指導しています。

通年の全体プログラムの運営のフローを図3・1に示します。左側には上から下に、すでに前章で説明した演習活動のシーケンスを示しています。右側に学外者を含めた指導教員の活動を示しています。年間で合計4回の連携教員を含めた教員が全員集合する場（教員連絡会）を持っています。1回目は新学期の開始直前に行うもので、新たなテーマを持ち寄り、全員で検討して決める場です。どうやって演習課題を立案してゆくのかは、課題そのものだけでなくプログラム全体の教育効果に大きく影響するので、最も重要視しています。後の3回は、発表会の直後のものです。発表会後の3回の会議では、受講生の顔と演習進行状況が見えた状況での情報共有をしています。

「BE研究」を担当する教員が新年度の計画について話し合う場ではどんなことが話し合われるのでしょうか。そこでは前年度の班ごとの実践をふりかえり、新年度の全体方針を検討も行いながら、新年度の計画が提案・説明され全員で討議がされています。この「教員連絡会」は、年度末の3月中旬頃に開催されます。BE専攻の専任教員（以下、「BE教員」と略す）、学内他部局の教員、企業からの招へい教員が一堂に会し、次年度4月からスタートする新年度

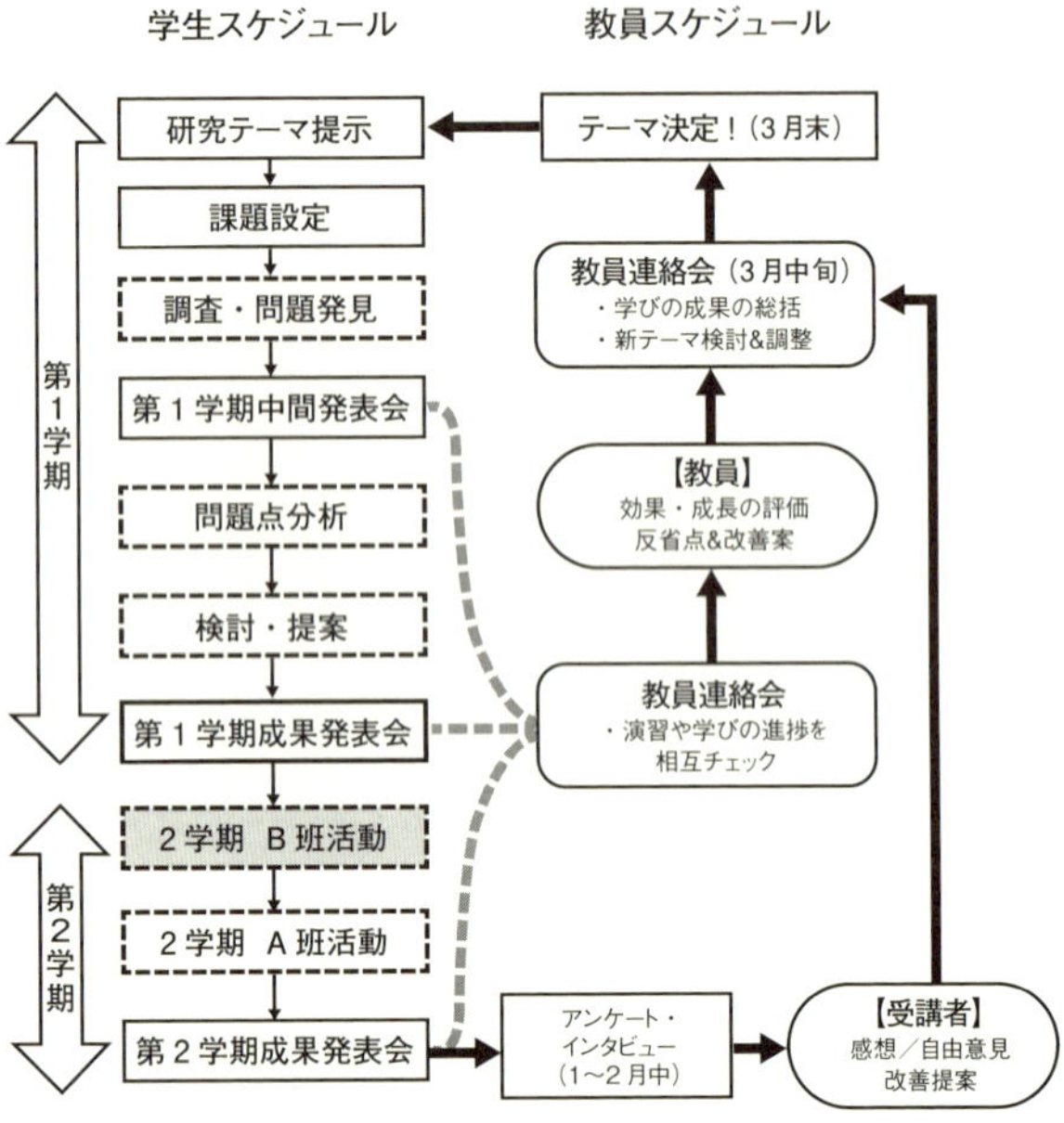

図 3.1　BE 研究の年間の流れ

の課題案を持ち寄り検討するのです。班の担当者は前年度をふりかえり新年度のテーマと内容を説明した後に、質疑応答と意見交換がなされるのです。

なお、この会議に先立って、この年度の運営者（通常、BE専攻の准教授が輪番で担当）から、演習班の指導担当者には新年度の課題が照会されています。その照会では、漠然とどんなテーマかというものでなく、図3・2に示すようなシートに記入することで、テーマの類型や指導目標を設定しておくことが求められています。これは数年間のさまざまな経験の蓄積や反省に基づいて行われるようになりました。開始当初から「成果よりプロセス重視」などの大方針はあったものの、具体的なテーマをどう選ぶかに関しては、手探り的な場面がかなりあったようです。しかし、事例が増え、招へい教員も入れ替わり経験が蓄積されるにしたがって、このようなテーマ立案のための手掛かりとも言えるガイドラインができあがったのです。

最近のテーマを立案したときの実例を示す図3・2のシートを詳しく見てみましょう。立案者に求められるのは、シート内の斜体文字部分の記述と、選択肢を○で囲んで選ぶことです。これを記入することがおのずと指導内容や方法の設計に通じるように工夫されています。特に、後半の選択肢【各研究テーマのセルフチェック1】、【同2】は経験が集約されていて秀逸と言えます。BE研究で学生達に与えられる課題は、少々漠然とさせておき、学生に戸惑いの時期を経験させ、それを経た上で実際のターゲットを自ら具体化させています。しかし課題設定があまりに漠だと惑いが長引き、逆に絞り込み過ぎると誰かの手伝いになってしまう、という苦い経験がいくつかありました。つまり、これらのセルフチェックのねらいは、学生達に考えさせる箇所と場面を指導者が予め想定し、学生にも示しておくというものなのです。ＯＪＥの基本的な狙いは自律的に学修態度を養うことに置かれているのですが、いざ現場に臨むと単なる放任や学生任せになってしまったり、動きの悪い学生達を指導者が引き回したりしかねないことへの戒め、とも言えます。

【学習効果】 最低限担保される学習効果と、展開次第で期待される効果

- *実務担当者からのヒアリングを通じた情報収集能力、コミュニケーション能力*
- *シーズ調査及びニーズ調査の能力、及び両者のマッチング能力*
- *新事業提案を考えることでのビジネスセンス*

【協力企業／組織】 実質／仮想のクライアント、ヒアリング先、提案先、等

- *株式会社ＸＡ社長*

※ *遠心分離操作が不要な、真空採決チューブをデザイン。技術の権利保有者。*
※ *研究題材とすること、ヒアリング対象者となることについて内諾を得ています。*

【各研究テーマのセルフチェック❶】 学生に開示します、いずれかを選択してください

（Ａ）解決すべき問題群について：テーマ側で設定　or　学生側の課題
（Ｂ）問題群からどの問題を選ぶか？：テーマ側で設定　or　学生側の課題
（Ｃ）出すべき成果について：　テーマ側で設定　or　学生側の課題
（Ｄ）提案の制約条件について：　テーマ側で設定　or　学生側の課題
（Ｅ）具体的な提案先について：　テーマ側で設定　or　学生側の課題
（Ｆ）学生の立ち位置について：　テーマ側で設定　or　学生側の課題

※テーマ側とは、指導教員やクライアント（提案先）を意味します。
※目安として「テーマ側で設定」の項目が多ければ、成果指向のテーマの傾向となります。
※「学生側の課題」の項目が多すぎると、成果のレベルは下がり、学生側のモチベーションの維持が困難な傾向にあります。

【各研究テーマのセルフチェック❷】 学生に開示します、いずれかを選択してください

各自の研究テーマの実施にあたり、下の項目から何を重要とするかお選びください（最大３つ）。
各項目の詳細については、添付の自己評価／他者評価分析シートをご覧ください。

（１）主体性　（２）働きかけ力　（３）実行力
（４）課題発見力　（５）デザイン力　（６）創造性

【指導教員】

平嶋竜一、清野智史

【研究テーマ名】

「上市済医療機器の再検討 ――遠心不要採血管を例として」


【研究テーマの概要】

技術的には非常に優れている医療機器が、ビジネス現場では必ずしも成功するとは限りません。本テーマでは、過去に上市された具体的な製品を例として、この問題を考えます。成功に至らなかった要因を、ヒアリング調査や文献調査を通じて分析してください。得られた知見を基にして改善点を抽出し、新たな事業プランを考え、適切な提案先への新規事業提案を行ってください。


【学生に与える情報】
- *既存製品に関する基本的な技術情報と、A 社長へのヒアリング日程(5 月中旬を予定)のみ。*
- *情報収集の『方法』についてのアドバイスは行う。*

【学生に考えさせるポイント】
- *技術で優れた製品が必ずしも成功するとは限らない。その「Why」を徹底的に考える。具体例を題材とすることで、議論の発散を防ぐ。*
- *技術的・事業的な調査を網羅的に行い、その調査結果に基づいて「なぜ?」を考えさせる。*

※技術要素、コスト、ニーズとのマッチング、市場選定、マーケッターの選択、etc.

- *その上で、その技術・製品が事業として成功するための提案をしてほしい。*

※ 同じ構造で採決量を増やすには? 採血スピードを上げるには? 等の技術要素
※ 事業規模を踏まえた上での提案先(大企業、ベンチャー?) 等の事業要素

【想定成果】

「新規事業プランを、X 社の立場から、大企業(例:P 社)に行う」等が想定される。そこまで到達しなくても、最低限、A 社長からの評価は貰うことができる。

図 3.2　BE 研究テーマ設定シート（5 班の例）

このシートに記入するという「宿題」を提出したうえで、この学期直前の教員連絡会で、新たなテーマを提案・説明するのです。次頁から、実際の会議がどのように進むかを、図3・2の5班のテーマ（平成26年）を例として追ってみましょう。

◆担当教員からのテーマ説明

「上市済医療機器の再検討——遠心不要採血管を例として」という、ものづくり系の課題。これまでの経験から、テーマが広すぎると発散し収束に時間がかかりすぎ、最終提案の完成度がなかなか高まらないという問題を感じていた。今年度は自由度をある程度絞った形式を試みて、問題点分析か課題抽出を比較的容易にすることで、最終提案までをきっちりと行って欲しいと考えている。外部企業の協力を得て、一度商品化されたが売れずに生産中止となった医療機器を、技術や販売などの何らかの改善により、事業化できる案を考えさせたい。

◆連携教員からの質問①

協力企業であるX社との連携は十分か？ 事前説明が不十分で、演習途中で協力が得られなくなると、テーマとして行き詰まる可能性がある。

◆担当教員の回答①

事前説明を行っており、全面的に協力が得られることを確認している。一度失敗した事業であり、企業的にはネガティブな過去を掘り起こすことになるが、ＢＥ研究のテーマとすることを快く承知してくれた。「成功例」ではなく「失敗例」を扱える機会は非常に貴重だと考えている。

◆専任教員からの質問②

制約条件が強すぎるために、学生の自由な発想は阻害される恐れはないか。

◆担当教員の回答②

検討対象が具体的であるが故に、自由度は確かに低いように見える。しかし、一度失敗した事業から、説得力ある新たな提案を生み出すという難易度は非常に高く、自由な発想が絶対に必要であると考えており、その点は心配していない。逆に、問題点分析や課題抽出が比較的容易であるというアドバンテージを活かし、自由な発想を生み出すための時間を多く取れるのではないかと考えている。

	テーマ名	問題群	問題選択	成果	制約条件	提案先	立ち位置
1班	バングラデシュの農作業効率化に貢献するものづくり提案	テーマ	学生	学生	テーマ	テーマ	学生
2班	都市全体から密集市街地を考える	テーマ	学生	テーマ	学生	テーマ	学生
3班	心と体のセンシングによって新しい顧客価値を創造する	学生	学生	テーマ	テーマ	学生	学生
4班	若者定住によるまちの活性化	学生	学生	学生	テーマ	テーマ	テーマ
5班	上市済医療機器の再検討	学生	テーマ	テーマ	テーマ	学生	学生
6班	大阪大学の通学・通勤問題を解決する	テーマ	学生	学生	テーマ	テーマ	テーマ
7班	人口減少社会におけるまちづくりビジネスの創出	テーマ	学生	テーマ	テーマ	学生	テーマ
8班	超人を創る	テーマ	テーマ	学生	学生	テーマ	テーマ

表 3.1 教員連絡会で検討、決定された演習課題とそれらの属性（H26年度の例）

表中の、「学生」「テーマ」とは、図３・２のシートにあった選択肢「学生側の課題」「テーマ側（指導教員やクライアント先）で設定」に該当。

このようなやりとりを、すべての課題に対して実施します。学生から見てさまざまな課題が選べるよう相互調整を行い、他の教員からの指摘を元にテーマ内容に微修正を加えた上で、学生に提示することになります。平成26年度には、上の表3・1のような8課題（8班）で演習を実施することになりました。ものづくり系やまちづくり系のテーマ、あるいは価値創造系やマネジメント系テーマ等、学生に対しさまざまな選択肢が示されていることがわかります。

2 演習班の編成はどうするか

専攻に入学する人数が最終的に決まるのは3月下旬なので、それを基に班の数を決めた直後に上述の年度開始直前の教員連絡会を開催します。班の構成人数は4名が基本で、これは経験に基づいています。5人班では責任感が分散して実働しない者が発生してしまう場合が多く、3人班では班内の議論が高まらず、活動低下者が1人出るだけで影響が大きい、という経験からのもので、指導教員の認識は一致しています。しかし、言語が障壁となる可能性のある留学生などは5人班を構成しています。

学期の初回に行うオリエンテーションで、各テーマの担当教員が各自の課題についてプレゼンテーションを行います。院生はそれを聴講後直ちに、どの班を希望するかを第1から第N志望まで理由を記載して投票します（Nは全課題数）。これを基に、班分けを行いますが、希望は均等に分散しないので、次の点に配慮し、できるだけランダムな顔ぶれになるよう調整します。

① 志望（順位）はできるだけかなえる
② 所属研究室に偏りがないように
③ 記載された志望理由を配慮する

すでに述べたように、進入生が学部等で専攻していた分野は分散していますので、専攻分野に基づく志望理由は配慮しません。提示されるテーマも特定の技術分野に関連づけられるようなものでもありません。ランダムを基本として希望はその上で、という方針です。希望が叶えられない者が少し（例年2～3割）出ますが、それが原因で重大な問題（履修意欲の極度の低下やドロップアウト）に至ったことはありません。

3 どのように指導するか

この節では、どのように実際の演習の場で学生を教員が指導しているのかについて、いくつかのポイントに分けて述べてみます。また、これらに関して述べている第6章も、併せて読んでもらえればと思います。

（1）話し合いの仕方を教える

グループで話し合って自律的に学修できる人材を育てる演習ですが、課題を与えた後は放任して「あとは自分達で話し合ってやりなさい」では済みません。多くの学生は初めから次のような多くのことができません。

●グループで（一対一でなく）話し合うこと
●話し合いから何かを決めること
●情報を共有すること認識を一致させること
●次のステップ（目標）を決めること
●やったことを自己評価すること

この中のどれかいくつかができても、それをつないで成果にたどり着くことは難しいのです。経験がないので無理はありません。学部教育では、一つの課題にみっちり年間を通じて取り組むグループ学習はやっていないのです。コミュニケーションやグループ活動は、サークルやアルバイトなどで経験はあっても、自己啓発のレベルまではなかなか到達できていません。卒論の研究室活動を通年で経験しているはずですが、卒研自体は個人的なもので、多くは教員の指導の元に課題や手段も与えられる、教え込みの教育に近いと言えます(特に工学系では)。グループ活動で学ぶというより、似た研究をしている者達のグループに属するという導入体験でしょうし、修士に進んでも通常はこの延長です。

そこで、BE研究の班では、話し合って仕事を進めるスキル的な指導をまず行います。初対面の4~5人の学生たちが、背景知識のない課題を与えられて演習が始まります。教員からの課題の背景説明や境界条件の説明は当然ありますが、先述したような理由で話し合いに慣れていないし経験も知識も乏しく、仕事はすぐには進みません。まずは、話し合いのスキルとして、

毎週の演習（2コマですので180分）で行う事項のひな形的なもの、つまり進行の流れを示してやらせてみます。たとえば、

①役割分担決め（議事、書記、司会、ファシリテータなど）
②前回の振り返り（議事録を使用）→当然、議事録を作らせます
③当日のタイムスケジュール決め
④討論、ブレーンストーミング
⑤決定事項、残る課題の整理、次回までの検討・調査事項と役割分担を確認
⑥教員総括＆コメント
⑦次回の実施事項／目標の決定（④、⑤、⑥に基づき）→次回の③に活かす

といったごく当たり前のことです。しかし、状況は毎回変わるので、これらを額面どおりやろうとしても、問題の解決どころか方向性も見えないことに学生たちは気づきます。本当に大事でやるべきことは、その日の話し合いの目的や目指すゴールを決めることだということを、さらに気づかせることが必要です（教えるのではなく）。これが演習の導入です。

（2）教員は待ちの姿勢で臨み、すぐに教えない

教員は話し合いの場には同席して、基本的に待ちの姿勢で臨みます。しかし当然ですが、学生の考えや方向性を整理する必要があるときや、学生の考えや議論が停滞しているときには、教員が介入することはあります。それ以外は、教員の本性として教えたくなる気持ちが出てきますが、忍耐が肝要です。しかし、演習の時間内のどこかで、話し合いの進め方などについて教員がコメントをするようなフィードバックの時間を設けるようにしています。つまり、指導教員は、じっと聴いて、学生の議論のポイントなどについて、時と場合に応じたコメントを発し、アドバイスする役に回って、あくまでも学生の学生による学生のための演習として進行することを肝に銘じます。つまり、見守り役と言ってよいでしょう。演習が始まって間もない時点では、話を進めながらも教員の顔色を伺い、これで良いかどうか確かめたい雰囲気が伝わって来ますが、我慢のしどころと、学生達の議論が進行するのを待つのです。

学生達は当然ながら、うまくいかない、という気持ちに満ちた困惑の状態を経験します。これを経験させずに教えてしまうと自律的な学修ではなくなる、というのがＯＪＥ法の大きなポイントと言えるでしょう。実際、これを乗り越える時に一つの成長が感じられます。時間としては3か月ぐらいはかかるのでしょうか。一学期末の発表会の頃には、なんとか話し合いの積み重ねでちょっとした進展を確認できるように指導していきます。この演習を始めた頃には、この間合いが判らずに、初めから教えてしまい、終わってみれば教員の考えのままにやっただけ、というようなこともあったように思います。

（3）指導のポイントとスタイル

指導する際に心がけているポイントを箇条書きにすると、次のようになります。

①プロセス重視の指導

※「目標設定、目標達成のためのプロセス／アプローチの設定」という一連プロセスをチームで議論、構築し、主体性、協調性、課題発見力、創造力、説得力、タイムマネジメント力などの素地を身に付ける。

②タイムスケジュールを意識した行動の指導

※制限時間内に自らの考える解を見つける訓練。

③建設的なディスカッションをしやすくするための意識／雰囲気作り

※相手の話に最後まで耳を傾け、遮らない。

④情報を共有化させる意識作り

※議事録の作成と使用。

⑤物事を進めていく上での判断基準を自分達で作らせる指導

※振り返り時の参考に。間違った方向に進んだとしても、戻る地点が明確となり、同じ過ちの繰り返しを防止。

⑥学生のモチベーション低下や議論停滞への対応

※性格不一致により生じる場合、教員による各個人へのケアが必要。意思決定や方向性

決定の悩みで生じる場合、学生のこれまでの考えの整理とテーマの位置づけの再確認が必要。

先に述べたように、教員は待ちの姿勢で臨みますが、課題に関する専門的知識は当然説明し、議論や分析のためのさまざまなメソッドを教えたり、調べる事項や学外での調査を示唆したりします。また、慣れない学外との折衝のしきたりやノウハウを教えたり、場合によっては取り次ぎもします。しかしそれらの種類や順番を予め決めて用意することはしません。学生の議論の進み具合に応じて臨機応変に出して行くのです。そのあたりのやり方は教員に任されていますが、教員としてはそこが大きな考えどころで、教員連絡会での話題ともなって、情報交換やノウハウの共有がされています。班内での指導方法に特定のやり方をBE研究で統一していることはありません。しかし、何回かある発表会や教員連絡会で学生や進捗度や発表のレベルなどは相互にオープンですし、学生たち全体も常に情報交換しているので、全体として一応のスタイルはできているのです。

（4）学生のケア——面談、フィードバック

4～5人の経験や能力や性格や志向が異なる学生が班を構成していて、予想もしなかった課題に取り組んでいく中で、大小さまざまな問題は起きます。演習課題の進捗そのものよりも、話し合いや進め方の中での誤解や思い違いが生じて、いわゆる人間関係の問題すら起きるので

す。後の第4章でアクティブラーニング一般について、米谷教授から述べられる中で、確かにこのような問題がこの種の教育法を脅かす要素であることが指摘されています。ＢＥ研究でもこのような学生間のギャップについて、日々の演習で教員が注意を払っています。必要に応じてマンツーマンの面談などもします。

また、前章で触れたポートフォリオも役に立っています。そこには学生自身と教員が12項目の能力要素を採点した結果を記入します。これは年間を通じた3回の発表会のタイミングで行われ、情報が担当教員に集まります。この情報をどう使うかは教員に任せられますが、基本はマンツーマンの面談で評点の教員—学生間のギャップについてなどの話をしながら、学生と触れ合い、良い方向に導くチャンスになります。たとえば自信が過剰とか、喪失など、突出気味の学生がいる場合などは、ポートフォリオの採点や自由記述メモと普段の様子などを比較して対処できますし、それらの記述から気づくこともあります。一番望ましいのは、全班員が各自の自己評価をオープンにし、相互チェックして教員もコメントを与える、といったことが可能な状況でしょう。これは、演習に対するモチベーションが高く、自ら成長したいという意識の高い学生が揃った場合に可能です。教員からの評価よりも、お互いの演習態度を日々肌で感じている友人からのフィードバックの方が、クオリティが高いはずです。ただし、モチベーションに差があったり、人間関係に問題のある班では逆効果と考えています。

学生が直接的にＢＥ研究に対して意見を出す手段としては、年度末のアンケートの自由記述があります。これらも教員連絡会に話題提供されて、他の各班で起こる出来事の報告や問題

（人間関係、役割分担、タイムマネジメントなど）と併せて情報共有されます。そこでは対策が検討され、ノウハウが共有され、個々の学生への対応も含めた対策と改善へのフィードバックとなります。このような、教員連の話し合いがＯＪＥ法の質を保証する基盤となっています。チームティーチングと教員組織内の教育管理（ファカルティマネジメント）という二つのチームワークこそがＯＪＥ法がうまくやれているカギのひとつと考えられます。

（5）汎用能力、コンピテンシー、社会人基礎力

ＢＥ研究は具体的な演習課題を追求しながら、班でのチーム協働における失敗や苦い経験も積むことができるという特徴を持っています。この失敗や苦い経験はＢＥ研究が掲げる方針である「プロセス重視」の定義の中に入っていて、その体験は将来への「心構え」に通じているはずです。またこれは、アクティブラーニングによって涵養すべきだと近年盛んに言われる、「社会人基礎力」や「汎用能力（コンピテンシー）」の要素です。ＢＥ研究では、テーマに対してさまざまなプロセスを経て、主体性、課題発見力、タイムマネジメント力などの社会人に必要な素地を養えるように工夫しています。その中でたいていの学生たちは、「タイムマネジメントで失敗」、「性格が合わない学生がいて不服」、「ディスカッションが上手くいかない」などの失敗や苦い経験をしています。それに直面し乗り越える経験を通じて学生たちは、「自分の弱点」を知り、その弱点や困難な状況に対する「自分なりの対応策」を導き出し、そして「チームで仕事を進める難しさの感覚」を得ることができます。これらは実社会でチームで仕事を進める

上での「心構え」を養うことに他なりません。非常に近い将来に実社会で働く者として、同じ状況（仕事の進め方、所属部署内や顧客との人間関係）に立ったとき、経験があって「心構え」ができているのとそうでないのとでは差がでるはずです。経験があれば、「あのときのあれか」と思って心的ダメージは小さく、「あのときはこうしたよな」、と対策にも早く動けるはずです。「心構え」は精神的にも実務的にも余裕が生じ、社会人スタートアップ時から冷静に事態の把握や判断がしやすくなるのです。

これらのことは工学系の学生に限らない一般的な話なのですが、工学系大学院では多くの専門的知識の教え込みは必要ですし先端的研究をフォローする努力も並大抵ではありません。そのため、このようなコンピテンシー育成の教育は二の次にされてきたと思います。しかし、これらを身に付けないどころか意識もできず「専門バカ」のように見られ、社会に出て苦労するような人材にして良いはずはありません。せっかく学生も教員も、工学の勉強と人材育成に膨大な時間と労力を費やしているのですから、知識も人材も社会で活きるようにしなくてはならないと強く思います。

4 連携教員の位置づけ

（1）学外からの連携教員が重要

ＯＪＥ法による教育は教室だけでするものではなく、学生は会社、工場、役所、街に出かけてインタビューや観察などの、いわゆるフィールドワークをしたり、実験や工作をしたりしています。そうしたこともあるので、現場からの応援が必要です。企業から招いた教員が現場との接点となる他、現場をよく知るヴェテランの立場から学生の指導・助言にあたっています。

工学系大学教員の中には、大学発ベンチャーの起業者や企業で働いた経験を有する人も居ないわけではありませんが、その数は残念ながら少ないのが実情です。ですので、現役の企業人が直接指導にあたることは、学生に現場の息吹や感覚を味わわせるよい機会です。本章1節で平成26年度（２０１４）５班の事例を紹介しましたが、ＢＥ専攻の教員だけで担当しているのは８班中ひとつの班だけで、他はＢＥ専攻教員と企業人（連携教員）が共同で担当しています。

ＯＪＥ法では現場での実践に近い活動をめざしているので、ファカルティメンバー（教員組織の一員）として当該科目の位置づけと学生を知る大学教員と、現場から招へいした現役の会社員とがペアで担当するのは望ましいことが数年の経験からわかっています。ペアの組み合わせも大切です。テーマと担当者の専門性とのマッチングだけでなく、ＢＥ専攻教員と連携教員とのバランスや相補関係なども考慮に入れる必要があります。連携教員が携わる社会の活きたテーマを設定して持ち込み、日々の演習を専任教員と協力して指導する、という形態が望ましいようです。しかし、これは特定の専門知識の教え込みの科目はありませんので、テーマ立案から指導までを学外者にいきなり任せるのは難しいのです。演習指導の勘どころを判ってもらうため、経験のある専任教員とコンビとなることが望ましいことは当然です。また、年間を通じて定まった曜日の授業の時限に来てもらうことを、現役企業人に求めることは非常に難しく、ペアでやることは負担の分散という現実問題としても有効です。しかしながら、連携教員が持ち込む活きた課題は学生に新鮮であるというだけでなく、自然に任せれば自分の専門領域の研究にのめり込む大学研究者でもあるBE教員にとっても、課題そのものやそのフィールドに触れることができることは刺激となります。特に若手教員にとっては、研究室だけに閉じこもらず実社会との接点を持った教育と研究ターゲットの選択のためにも、良いファカルティ・ディベロップメント（FD・授業改善と教育力向上のための教員研修）になります。OJE法によるBE研究立ち上げの初期には、専任教員だけでテーマを設定し演習指導していた班が多くあり、新鮮味を持ったテーマ設定の難しさに直面した経験があるのです。

(2) 連携教員のリクルートが重要

言うまでもなく、このように企業等から演習指導に参画してくれる適切な方をリクルートすることが大切です。これが、我われのOJE法による教育がここまで来られた大きな要因のひとつです。また、これからやろうとするならその成否のカギとなるでしょう。BE専攻はその理念をサポートするため、設立当初から民間企業の方を招へいした連携教員を入れて計画されました。OJE法の実施にも初期から、この連携教員が参画していました。ほとんどの民間企業からの連携教員は2~3年で交代せざるを得なかったのですが、幸いなことに、立ち上げ時からこうした人材が連綿とつながってきました。計画を主導した創設時メンバーの慧眼と人脈のおかげでもあります。直近に参画している連携教員の方が参画に至ったきっかけや経緯は、第5章のインタビューなどで少々触れています。

また過去に参画していた方々も含めて振り返ってみても、誰でも来てくれるわけではありませんでしたし、本人はもちろん企業側の事情もあって一筋縄ではいきませんでした。専任教員は、誰が来てくれるか、誰を呼べばこんなテーマが出そうかなどを考えながら、教育や研究や学務を通じた場面で出会う人や、それを起点としたツテをたどって探してきました。振り返ると、現在、企業人で若者に対する教育に問題意識が高い方は多くいて、それらの中には実際に教えてやろうという気持ち(従来の大学のやり方はイカン、という気持ちと通じているのでしょう)を持つ方もいるのは確かです。また一方で、すでに研究面では多くの企業人が産学連携のプロジェクトや制度に基づいて大学内で活躍されていて、学生と接触する場面も増えていますので、こうした産学連携教育もその延長で自然の流れと言えるのでしょう。実際、このような経緯でBE研究に参画することになった方も多いのです。

(3) 連携教員と専任教員の協働が重要

しかし、連携教員を入れれば良いというものではありません。従来からよく行われている大学教員以外の講師を招いた特別講義（どこの専攻、研究科でもやっています）で少なからず見られる光景を思い出します。教室の前の方にホストとなった先生方が座って楽しそうに聞いていて、後ろで学生たちが寝ているという状況です。これは教員と学生の間に意識や知識量のギャップがあることによると思います。どんなに素晴らしいプロジェクトが話題でも、またどんなに優れた実績を持っておられる講師の方でも、このギャップを埋めないと、学生を活性化させる講義演習には、残念ながらなり得ないと経験的に感じています。

このギャップを埋める役割として、大学の専任教員の働きが重要だと思います。連携教員に対して、学生の知識レベルはどの程度で、どんなことに対して興味を持っているのかを伝え、また外部講師の先生が伝えたいことを学生に理解させるために、どのような講義演習内容や方法をとるべきかを適宜アドバイスする必要があります。もちろん企業にもそのような配慮が必要だということがわかっている方はいらっしゃって、そういった方こそ、事前に学生の情報や授業方法について、相談を持ちかけてこられることが多いのです。社会ではアウトソーシングが頻繁に取り入れられています。教育においても、アウトソーシング先を適切に選べば有効で、特に短期的な成果は上げやすいと思います。しかし、教育に継続性を持たせ組織（教員、学生ともに）としてアクティブラーニングを行うという文化を醸成するためには、すべて連携教員におまかせ！であってはいけないと思います。専攻の教員が連携教員に学生の扱いや指導の進め方を伝え、連携教員の持ち込んでくれる新鮮な課題を活かして学生に触れさせる工夫が重要で、両者がセットになる意義はそこにあると思います。

5 どんな学生が入学し、どんな学生が居るのか

ここまで説明してきたBE研究が必修科目なので、BE専攻に入学してくる学生はかなりの覚悟を持ってきているようです。入学する8割方の院生は、BE専攻での教育をアピールした募集説明会に出席して、これを認識した上で魅力を感じ、受験しています。説明会では目玉であるBE研究も当然アピールし、忙しくて、なかなかハードな科目で、体力と精神力も要るということも述べています。このように最初からその存在を知り、それを望んで進学してくる学生だからこそ履修して、結構なハードワークに耐えて学習成果をあげ、単位も取得できるのでしょう。その裏事情として、元所属での従来の工学教育や研究に飽き足らない者が来ているようです。

BE研究はM1の必修科目なので、同期生全員が入学直後から1年間にわたって、班ごとのグループ研究に取り組みます。演習が動き出した直後は、すでに説明されたように、うまくいかない戸惑いの時期が訪れ、他の授業や研究室活動とのタイムマネジメントもまだうまく出来ません。そこで、寝る間を惜しみ、授業時間外も、時には深夜まで、時には土日にも出てきて、という者が多く出ます。男子学生はもとより、女子学生の中にも、大学内で仮眠し、朝起きてキャンパス内のシャワー室に行って髪と体を洗い、その日の授業に臨むという豪傑もいます。学生達はこの「BE研究」と並行して各自の修士論文研究に取り組むのは、工学研究科の他専攻の学生と同じです。そのため同時に研究室に所属し研究活動（実験、シミュレーション、

ゼミ活動など）も遂行しているのです。また、M1では前後期ともに毎週5コマ以上の講義を受け、多くの学生はM1で修了要件のかなりの部分を取ってしまうのです。また、経済学研究科が実施するビジネスに関する講義の単位が10単位までは修了要件に認められますが、それらは豊中キャンパスで行われており、バス等で30分以上かけて移動して、MOTコースの院生たちと一緒に授業を受けるのです。これらを単なる苦役ではなく、価値を感じてハードワークをやってのけている学生たちなのです。

つまり意識の高い学生が集っているのです。現場に出て「ビジネスのわかるエンジニア」として活躍したいと思うからこそ、修士論文研究のため以外にも時間を割き、多くの時間と労力をかけながら、別の分野や研究室の学生たちと一緒に自分の専門と離れた領域での演習課題に取り組めるのでしょう。少なくとも、自分ひとりで研究して学術論文を仕上げて、大学教員や研究者を志向する学生や、ずっとそう指導されてきた学生にとっては、異次元に感じるでしょう。しかし、そうした研究志向で育った学生が企業で研究以外の他の多様な業務に携わることの歪みが問題とされ、それを是正するためにMOTやBE専攻ができているのです。

6 研究志向の工学系大学院との整合性

現在、工学系の多くの学生が大学院に進み工学系大学院として企業に就職します。工学研究科が社会に役立つ人材を育成するには、BE専攻を志望する学生のように高い意識をもった学生を受け入れ伸ばすだけでなく、大学院の教育としてOJE法による教育のような科目を導入することは効果的だ、という主張に「NO」と言う者は少ないでしょう。さらに進めて、そのような教育を研究科全体で必修化すべきという議論もあるでしょうが、決して容易ではないでしょう。工学系大学院は伝統的に研究志向の大学教員により運営され、研究成果が最重要の評価指標です。そこでは教員だけでなく大学院生にとっても、研究成果の論文が評価の高い学術誌に掲載されることが最優先なのです。また教員たちは学術成果を追求するだけでなく、後期課程の定員充足率の向上に腐心しているため、BE専攻のようなやり方には容易には賛同できないのです。OJE法のようなカリキュラムは研究躍進にはムリ・ムダと感じるでしょう。教育改革が叫ばれながら、工学系の教員はそういう文化の中で育ってきましたし、今でもそれは大きく変わらないので、無理もありません。

しかしながら、BE専攻からも学術志向の者は育っているのです。他専攻と比べて後期課程の充足率も遜色ありませんし、博士の学位取得者が大学や国立研究機関や企業の教員や研究職に就いています。すでに述べたように、BE専攻の教員は研究活動を普通に行い、論文も書くし学会活動もしていますので、そこに所属する院生は修士論文研究の過程で学会発表も論文執筆もしています。さらには、ＢＥ専攻でもＭ２になるとほとんどの院生は研究に没頭するので、研究に目覚める者も少なからず出てくるのです。結局は、元気で意識の高い若者が興味を持って事に当たれば、彼らは柔軟であり経営であろうがビジネスであろうが工学研究であろうが、突破して行くのです。成功体験と多大な実績を持った伝統的な枠組みを超えて、若者達は突破していけるのです。ＢＥ専攻の定員は大阪大学の大学院工学研究科前期課程の４％ですが、もっと多くても良いはずです。

Column 3

リーダーシップを育むOJE教育

松村暢彦

コラム2で、「この提案（成果）が重要なのではなく、提案に至るプロセスの中であるべき社会について チーム内、そして管理団体と価値観をぶつけ合ったプロセスにこそ価値があります」と書きました。このようなことを書くと「実際の社会はそんな生やさしいものではない。利益を得るために必死。その姿を少しでも大学生の間に経験させることが必要ではないか」と反論する向きもあるかもしれません。しかし私は、実際の社会が利益優先で、売れるものをつくる、といったことが求められている風潮が強くなればなるほど、大学において社会を考える重要性に気づけることが大切だと思います。ただ、売れる商品を考えるのではなく、提案された商品のなかからどれを選択するかを適切に行える人材、より売れる商品ではなく、社会をよりよくする商品を選択できる人材を育成することが使命だと思っています。そのような商品をつくるためには、将来の社会を見通した展望をもつコンセプトを示して、合意を得ながら納得を促すことも必要でしょう。相手の話を傾聴しながらも、新たな視点の気づきを相手に与えることも必要でしょう。

現在、そうした新しいリーダーシップ像として、サーバント・リーダーシップが注目されています。サーバント・リーダーシップは、ロバート・K・グリーンリーフによって1970年に提唱された理論で、「リーダーである人は、まず相手に奉仕し、その後相手を導くものである」というリーダーシップ哲学です。こういうとサーバント・リーダーはメンバーを支えるだけという誤解を与えるかしれませんが、相手に奉仕し、導くリーダーが、その相手に明確なミッションとビジョンの方向性を示す必要性は、従来の支配型のリーダーシップよりも高いはずです。ミッションの方向性が社会に貢献し、価値を生み出す目標を指していることが重要なのです。私がＯＪＥ教育で社会を考える必要性を強調するのは、このミッションとビジョンの方向性を示すまたとない機会になるからです。もちろん簡単にミッションとビジョンを示すことはできません。万博公園の時のチームのように、ああでもない、こうでもないと議論しつつ、時には考えるのを逃げたくなるなか、七転八倒しながら、作り上げていくものです。

社会にでて数年のうちに直面することを先に経験させることが実践型教育の目的ではないはずです。「三つ子の魂百まで」ということわざがあるように、社会に出る前にこそ自分の意志決定のなかに社会を視野におく経験をすることこそが、大きくその人の将来を規定すると信じています。

第4章 アクティブラーニングについて

1 はじめに

本書は大阪大学大学院工学研究科ビジネスエンジニアリング専攻（ＢＥ専攻）で実施されている工学教育法を主題としており、そこでＯＪＥ法と呼んでいるアクティブラーニングの手法が、実践事例を含めて紹介されています。この章の執筆は主に米谷が担当し、まずは大学教育法としてのアクティブラーニングの一般論を述べ、これを背景としてＯＪＥ法の内容や成果の持つ意義の輪郭を際立てることにします。

これから述べていこうとすることは、筆者が神戸大学に在職して大学教育法を研究し、大学教育改革の実務に携わってきた経験に基づいています。具体的には、アクティブラーニングの起こりや国内外での実施状況の調査、文部科学省主導で日本の大学に導入されてきた経緯、導入・展開の様相、アクティブラーニングが育成を狙う汎用技能、導入に伴う問題点や導入に際しての留意事項、工学系にこれを導入する際の特殊性、などです。ビジネスエンジニアリング専攻での実施例の詳しい評価、分析や意義については第5章で述べますが、本章でも折りに触れて言及しています。

ここで述べることは、高等教育の専門家や研究者だけでなく、大学教育、特に工学教育で本格的なアクティブラーニングを推進している教職員、これから導入・運営を始めようとしている大学の管理者や政策担当者や推進スタッフ、さらには、そのような教育を展開している大学や大学院に入学・進学しようとしている学生が、アクティブラーニングにかかわる諸問題を自ら見つけ出し、その対処法を考えるヒントになると思いますし、周囲の人々と議論する際の材料になるはずです。

2 アクティブラーニングとは

アクティブラーニングは、日本の大学では今がブームと言えるほどです[25]。大学関係者でこの言葉を知らない者はいないでしょうし、ファカルティ・ディベロップメント（69頁を参照）や教育改革に関する会議や教授会などの教員の会合では、ほとんど毎回これが話題となります。いわゆる「ゆとり教育」への転換において小中高の「総合学習」が話題の中心となって久しいですが、日本の高等教育界ではアクティブラーニングがいま、話題の中心となりました。新聞やテレビでも大学・短大・高専のアクティブラーニングが報じられ、論じられています。また、キャリア支援、社会貢献、地域連携の文脈で取り上げられることも多くなっています。

アクティブラーニングは2012年8月の[26]中央教育審議会答申に付加された用語集の中で、「教員による一方向的な講義形式の教育とは異なり、学修者の能動的な学修への参加を取り入れた教授・学習法の総称」と定義され、答申の本文でそれを重視した「アクティブラーニング型授業」への転換がうたわれました。これ以来、日本のすべての高等教育機関が取り組まなければならない課題となったと言えます。この用語集では「発見学習、問題解決学習、体験学習、調査学習」や「教室内でのグループ・ディスカッション、ディベート、グループ・ワーク」がアクティブラーニングの例としてあげられています。もっとも、言うまでもなく、これまでも専門教育等で実施されてきた、ゼミ、演習に加えて導入されてからすでに久しいＰＢＬ（Project-Based Learning）もそれに含まれるのです。さらには卒論研究や大学院での修士論文研究も本来的には含まれてしかるべき要素を持っているものです。

3 ＰＢＬとアクティブラーニング

ＰＢＬと表記されるもうひとつの学習形態があります。それは*Problem-Based Learning*[27]（区別のため斜体にします）です。これもアクティブラーニングの代表と言えます。Project-

（注25）「アクティブラーニング」という用語は「主に高等教育で２０００年代に入ってから盛んに用いられ始め」、その研究や実践がこの10年間で爆発的に増えている（溝上 ２０１４）。溝上慎一（２０１４）『アクティブラーニングと教授学習パラダイムの転換』東信堂。

（注26）文部科学省中央教育審議会 ２０１２ 新たな未来を築くための大学教育の質的転換に向けて―生涯学び続け、主体的に考える力を育成する大学へ―（答申）

（注27）シュワルツ、メニン、ウェブ編著、大西弘高監訳（２００７）『ＰＢＬ 世界の大学での小グループ問題基盤型カリキュラム導入の経験に学ぶ』篠原出版新社、では、「小グループ問題基盤型カリキュラム」と訳している。

Based Learning が学習者の自立的な学習であり、テーマ、到達目標、方法、成果発表の形式などを自ら決めて学習を進めるのに対し、*Problem-Based Learning* はあらかじめ教員が作成した問題文をもとに学習者がチームで調べ学習や討議を通して問題の解決や対処を検討するものです。両者を区別するために、この本では Project-Based Learning をＰＢＬと表記し、*Problem-Based Learning* はＰＢＬと表記することにします。ＰＢＬは医療系の大学・学部を中心に１９８０年ごろから欧米で広がりました。１９８６年にハーバード大学医学部がすべての講義を廃止して New-pathway program と呼ぶＰＢＬに基づくカリキュラムに切り替えた[28]ことは医療系大学関係者の間ではよく知られています[29]。１９９０年代から日本の大学でも医療系を中心に導入され、今では教養教育にも取り入れられるようになっています。広島大学では８年前から全学で初年次教育としてＰＢＬを取り入れた授業「ハーモナイゼーションＰＢＬ」を実施し、成果をあげています。毎年、新任教員だけでなく学外の教員をも受け入れ、ＰＢＬ型授業のための講習会を開催しています[30]。

　世界的にもＰＢＬは体験学習であり、教育における学習者の主体的な実践・経験を重視するジョン・デューイの教育哲学[31]にまで遡ることができます。研究もひとつのＰＢＬとするなら、ＰＢＬよりはるかに昔からなされていると言えます。WorldCat で Project-Based Learning でキーワード検索してみたところ、約27万の論文・記事と約４万件の書籍(電子書籍を含む)がヒットしました。ＰＢＬに関連する文献はいずれの形態も合わせると１９８０年代から毎年３００件以上もの論文・記事・書籍が出版されていますが、１９９４年に千件を超えてから急激に増加し、２００２年に１万を２００６年には２万を超え、２００９年に約３万４千になった後に減少し、２０１０年以降は毎年１万件台となっています。一方、*Problem-Based Learning* で検索したところ、より多くの文献がヒットしたがピークは Project-Based Learning より１年前にきており、２０１５年には Project-Based Learning を下回っています（図４・１）。そして、両者ともに２０１０年前後から文献数は急速に減少しているのです。一方、溝上[25]による調査によると、アクティブラーニングに関する文献数はこれらに関する文献数に比べて桁違いに少な

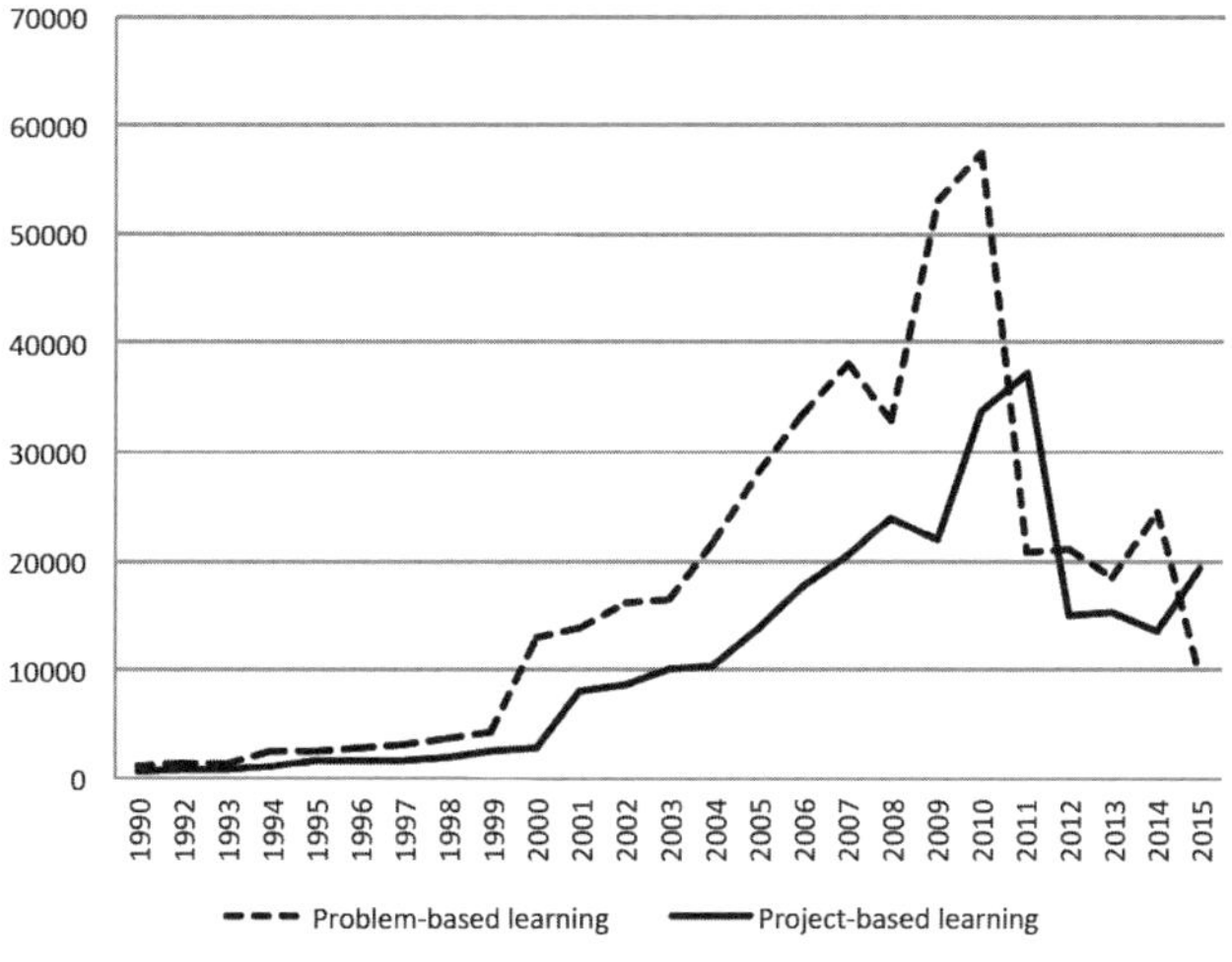

図 4.1 WorldCat 検索でヒットした文献数（書籍・記事・論文）

（注28）２００５年からはさらに新しいカリキュラムになっている。（参照 http://hms.harvard.edu/departments/medical-education/md-programs/new-pathway-np）医療系大学・学部におけるＰＢＬカリキュラムの教育効果については、いくつもの実証的研究がなされている（たとえば、Moore, *et.al.* 1994; Peters, *et.al.* 2000, Eyal & Cohen, 2006)

（注29）シュワルツら編著、大西監訳（２００７）篠原出版新社

（注30）http://home.hiroshima-u.ac.jp/hipro/pbl.html ２０１５年４月２日アクセス

（注31）デューイ著 宮原誠一訳（１９５７）『学校と社会』岩波文庫

いのですが、最近急激に増えていることがわかります。このようにＰＢＬは、アクティブラーニングが話題となる、はるか昔からなされてきており、さまざまな実践や研究がなされていることがわかりますが、今後はＰＢＬも含んで展開するアクティブラーニングに注目が移っていく将来が伺われます。

4 日本でのアクティブラーニング調査

日本の大学におけるアクティブラーニング型授業の現状について、河合塾が２０１０年度に経済系・工学系の全国大学調査[32]を、２０１２年２月には全国の国公私立大学２，１３０校の学科長を対象にした調査[33]を、それぞれ実施しています。前者では、グループ学習、ディベート、フィールドワーク、プレゼンテーション、授業時間外学習、振り返りシートの活用[34]を必須にしているゼミの割合や、レポート提出を必須にしているゼミの割合、前の学期とのゼミの連続性を0〜3点（振り返りシートについては1〜4点）で評定し、その平均を「アクティブラーニング導入度」として、学科別・学系別に比較しています。その結果、偏差値が低い学系の方が高い学系より「アクティブラーニング導入度」が高く、グループ学習、ディベート、フィールドワークなどの4年間の導入度は工学部、とくに機械系学科や電気・電子系学科が他の学科・

学系より高いことがわかっています（注32、26頁）。

後者の調査では、アクティブラーニングの要素の頻度をポイント化しています。それによると、初年次ゼミは6割近い学科が学生に履修させており、文系が理系より平均ポイントが高かったのです。また、「概ね国公立大よりも私立大の方がポイントが高い」ことがわかりました。[35] ポイントが「文系より理系が高い」ことについては、「［理系学科］は初年次から必修の専門基礎科目なども多く設置されており、通期で必修の初年次ゼミを開講する余裕がない［からだろう］と推測」されています（注33、26頁、［］は筆者補足）。また、平均ポイントを系統別にみると、私立大社会・国際系が最も高く（6点満点中4・8）、私立大総合・環境・人間・情報系がそれに次ぎ（4・5）、さらに私立大の法・政治、経営・商、教育が続きます（4・4）。これについては、それらの学科は「複数の初年次ゼミ科目を必修で設置している学科が多く」、「体系的な知識の獲得よりも、課題設定から入るという学問的な特徴が表れている」と考察されています（注33、26頁）。

河合塾によるこれら2つの全国調査の結果は、アクティブラーニング型授業への転換という点では、初年次教育においては私立大の総合、法・政治・経済、教育系の学科が他の学科より

（注32）河合塾（2011）『アクティブラーニングでなぜ学生が成長するのか』東信堂
（注33）河合塾（2013）『「深い学び」につながるアクティブラーニング―全国大学の学科調査報告とカリキュラム設計の課題』東信堂
（注34）河合塾の全国調査（2013）においては、これらの形態を「アクティブラーニングの要素」と呼んで扱っている。
（注35）（河合塾2013、26頁）

進んでいる一方、学部専門教育においては工学系とくに機械系や電気・電子系が他の学系より進んでいることを示しています。この違いは上で指摘した学科の性格だけでなく、実学重視か研究重視か、大卒就職か大学院進学か、といった方向性の違いを反映していると考えます。

本書で取り上げている演習科目「ＢＥ研究」、とその方法論であるＯＪＥ法は工学系の大学院でのアクティブラーニングであり、上記の調査の対象とは離れたものです。工学教育協会の講演会での類似事例の報告を見ても学部や高専でのものにほとんど限られています。例外としては、同じ大阪大学大学院工学研究科での例として知能・機能創成工学専攻[36]でＰＢＬ科目が実施されています。これはＢＥ研究より数年先行して開始されたもので、機械工学や材料工学の教育研究の範囲内でのものづくり課題を主に設定するものです。第1章の冒頭で解説したように、ＢＥ研究は従来概念での工学の枠を越えた課題を取り入れていることで、汎用的技能を学修させようと、これと差別化してスタートしています。

5 学生を実践の場に置くアクティブラーニング

（1）就活にもつながるアクティブラーニング

筆者は２０１５年2月に静岡市で開催されたあるセミナーに出席しました。そのセミナーは

「産業界GP」といわれる事業に採択された23の大学・短大グループのうち、「静岡チーム」と名付けられた静岡大学、東海大学短期大学部、静岡英和学院短大、静岡理科大学の4校の成果報告会を兼ねているものでした。成果報告に先立ち見舘《みたて》好隆氏（北九州市立大学准教授）により「キャリア形成を意図したPBLの質向上について」と題する講演がありました。セミナーは期せずしてPBLが日本の大学でどのように展開されているかを知る、またとない機会となったのです。

今、日本ではPBLが短大を含め多くの高等教育機関で、教育の手段だけでなくキャリア支援・就職支援の一環となっていて、さらには地域の自治体や企業を巻き込んだ地域連携・社会貢献活動ともなっているのです。もちろん初年次教育や学部専門教育に位置づけられた正規科目となっているものもありますが、多くは学生によるボランティア活動として実施されていて、実質的な就職活動になっているものも少なくありません。たとえば、介護実習として介護施設でのインターンシップをPBLプログラムとして実施している短大では、実習生が就職先を斡旋されたり、実習先の施設に採用されたりすることがあるそうです。

また、大学に企業を招いて開催する就職セミナーの企画・準備・運営・実施を学生ボランティアチームが自主的に行って、企業ごとに担当学生を決めて企業研究、企業に訪問しての打ち合わせをしています。そしてそこで就職セミナーの準備、当日の講演者（企業の人事担当者）

（注36）http://www.ams.eng.osaka-u.ac.jp/

の接遇をすることにより、就職試験で物おじしなくなるだけでなく、企業の人事担当者と面識ができ、実際に就職に有利となることもあるといいます。さらに、ある大学では自治体と協定を結んで、自治体のＰＲや活性化（町おこし）についての提言を行うべく、現地調査、グループ研究を行い、自治体に出向いて成果発表会をしています。その中には、市長が参加して真剣に質疑を行っているところもあるそうです。こうした実践的で、就職活動に直結したり、現場の生の問題を現場の人々と一緒に検討したりといった「ガチ（本気）」の体験を得られるなら、学生は単位がとれなくても目の色を変え一生懸命かかわるだろうし、そこから得られる学びは大きいのです。こうしたキャリア支援、社会貢献と結びついたアクティブラーニングは現在の日本の高等教育のトレンドとなっており、今後ますます盛んになっていくと推測されます。ＢＥ研究でも、こういった企業活動や自治体の現場の活きたテーマに学生が触発されて、目の色を変えて取り組んだという話は多く聞きます。

（２）企業教育の人材育成プロによる教育も

筆者が日本全国で先駆的な授業づくりや授業改善に取り組んでいる教員の集まり[37]に参加した折に知ったのですが、いくつかの大学では、すでに企業教育のスペシャリストが大学教員となり、大学生にリーダーシップやコミュニケーション能力をＰＢＬを通して身につけさせる実践的なカリキュラムを設計し、実施しています。そして、その中には企業研修のプログラムを利用して大学生に英語で仕事をする力を身につけさせようとするものまであります。とうとう企業教育や人材育成のプロによって大学教育、とくに、汎用的技能の育成が始まっていることを実感しました。企業教育と大学教育は同じではなく、企業文化と大学文化も同じではありませんので、どこまでうまくいくかわかりませんが、こうしたトレンドは当分強まっていくのではないかと推察されます。しかし、ＢＥ研究の指導に民間企業から招へいされて参画している連携教員は教育のプロとしてではなく、持ち込んだテーマにかかわる仕事のプロとしての役割を期待されていて、意味合いはかなり違うようです。

6 アクティブラーニングに至る大学教育改革の20年

ここで、日本の高等教育シーンにおいてアクティブラーニングがこれほどまでに喧伝されるようになったのはなぜか、また、どのような経緯でこうなるに至ったのかについて簡単に述べてみたいと思います。

筆者は長年、国立大学で国内外の高等教育に関する調査研究、ファカルティ・ディベロップメント（以下ＦＤと略）の企画・運営、大学評価に関する実務、学内の教育改革や授業改善に

（注37）２０１５年京都大学高等教育研究開発推進センターＭＯＳＴフェローミーティング。詳しくはＭＯＳＴのホームページ(https://most-keep.jp/portal) を参照。

関する政策立案から授業支援・学修支援までと、大学教育に関するさまざまな仕事をしてきています。そうした、いわゆるファカルティ・ディベロッパーの立場から今のアクティブラーニングブームをみますと、それが日本の高等教育政策によるもの、つまり文部科学省が仕掛けた動きであることがよくわかります。現在は過去とつながっています。したがって、現在を理解するには過去を振り返ることが一番です。この20年間の日本の大学改革を振り返り、「今なぜアクティブラーニングなのか」を考えてみたいのです。

(1) 問題山積だったかつての教養教育、一般教育

私がファカルティ・ディベロッパーとして約20年前、最初に取り組んだ仕事のひとつが神戸大学の全学共通教育のシラバスづくりでした。それから、ＦＤの企画・運営や学生授業評価アンケートの導入・実施に携わるとともに、ＩＣＴ（Information and Communications Technology）活用を含め、さまざまな授業法の研究・開発に携わってきました。これらはすべて大学改革、とりわけ教養教育改革の一環でした。

二十数年前まで日本の学士課程教育は医学科を除き、最初の2年を教養部が受け持ち、その後の2年を学部が受け持っていました。前者は「一般教育」、後者は「学部教育」あるいは「専門教育」と呼ばれて、切り離され独立して行われていたのです。いわゆる「輪切り」の教育システムで、一般教育の単位が足らない「教養部生」は学部に進学できませんでした。

学部進学後には学生たちは自らがそれを志して入学してきた専門分野について、講義の他、

ゼミ、実習、卒業研究等で少人数教育を受けました。一般教育は「マスプロ」（大量生産）方式、つまり大規模クラスで教員から学生へ一方的に知識伝達が行われており、出席しなくても期末試験がよければ単位が取れる科目が少なくありませんでした。そこで、日頃は授業をサボリ倒し、試験が迫ると、真面目な同級生からノートを借りてコピーして徹夜で詰め込み、試験をぎりぎりでパスする姿が教養部生の一般的なイメージとなっていました。そうした様は「一夜漬け」「徹夜の突貫工事」「ボーダーラインの魔術師」等と表されたものです。

確かに一般教育は専門の外の広範な分野を薄く浅く教えるので、興味が湧きにくく、苦手科目も少なくなく、専門を志して入学した学生にとって、職場に出て役立つとも思えず、やる気の出ないものだったのです。教える側にとっても、教えている分野を専攻せず興味も持っていないで、嫌々ながら単位を取るためだけに履修する学生が大半では、やる気は出ません。学生も、マスプロ方式で興味のない分野を、熱意の感じられない教員が「上から目線で」一方的に教え込む授業は面白くありません。「眠い」し、実際、学生は講義中によく寝ていたのです。こうした状況では良質の教育は望むべくもありませんでした。かくして学部進学までの「教養時代」は、「空白」期間、あるいは「休息」期間となり、遊ぶ学生が多く、社会問題にまでなったのです。

（2）低学年からの専門教育、学生授業評価、そしてFD

約20年前に起こった大学改革は、こうした状況を打破しようとする教養教育改革でした。多くの大学は輪切りの教育システムを改めて、1年次から専門教育が始まるようにしました。一方、一般教育のそれまでの講義科目を見直し、学際的で現代的なニーズに合わせたテーマ・内容に改めました。また、授業についての反省を踏まえ、大学は組織的に教員（すなわち「ファカルティ」）の授業力向上と授業方法改善に取り組むことになりました。さらに、学生授業評価により欠陥授業や問題教員を「あぶり出し」、「撲滅」することになったのです。各大学にはFDや学生授業評価を担当する部署が置かれ、ファカルティ・ディベロッパーがFDや新たな授業法の研究・開発・普及をすることになったのです。

私が所属する部署でも、それまで各科目について3～5行程度の記述だった授業要項を見直し、授業のねらい、各回のテーマと内容を記述した授業計画、成績評価方法や履修上の注意、教科書・参考書などを1科目1ページ程度にまとめた分厚い「シラバス」を印刷して全学生に配布しました。授業担当者にはFDという名の研修を課し、シラバスの書き方、TAの使い方、ICT活用法、学生授業評価などについて講習をしたり、専門家を招いて模擬授業をしてもらったりしました。また、学生授業評価アンケートは全学統一で実施し、分析結果を授業担当者にフィードバックするだけでなく、分析結果概要を大学ホームページで学内外に公表するようにしました。

これら一連のFDにかかるアクションは文部科学省の主導によるものでした。しかし、それは日本独自のものではなくて、欧米や豪州の大学が普通にやっているものを追随しただけのものでした。

（3）新たな授業法の導入、「教え込む」から「学ばせる」

その後、このＦＤは法律によりすべての大学・大学院に義務づけられました。それは「教育の質保証」（Quality Assurance）のためであり、国際的に通用する大学になるために不可欠な要素とされたのです。現在アクティブラーニングの要素として取り上げられているＰＢＬ（Project-Based Learning）、ＰＢＬ（*Problem-Based Learning*）、調べ学習、問題解決学習、グループ・ディスカッション、ディベート等は、それまでのマスプロ方式の講義による教え込みに代わり、学生にやる気を持たせ、知識以外のさまざまな能力を身につけさせるための新たな授業方法として着目され始めたのです。これらも欧米や豪州の先進大学に倣ったものですが、徐々に全学共通教育[38]でも取り入れられるようになりました。

7 アクティブラーニングの意義

本書は、ＯＪＥ法による演習科目、ＢＥ研究をアクティブラーニングによる工学教育の優れた形態として紹介しています。今少し遠回りになるかもしれませんが、その背景状況として最

（注38）教養教育改革で教養部が廃止され、一般教育は、内容と方法が改められ、すべての部局がすべての学部生に責任をもって実施することになり、「全学共通教育」と呼ばれるようになった。

近の日本の高等教育機関におけるアクティブラーニングのトレンドについて論じておきたいと思います。アクティブラーニングがどのような考えの上に立っているか、なぜ今日本で強く叫ばれているか、わかっていただきたいと思います。

(1) 汎用的技能、コンピテンシー

筆者は10年以上前、国内外の先進大学における教養教育の動向を調査する研究プロジェクトに参加したことがあります。そこで見渡すことができたのは、欧米の先進大学では、コミュニケーション能力、リーダーシップ、問題解決力、ＩＣＴ活用能力等からなる**汎用的技能**(Generic Skills)を大学の教育目標、あるいは、卒業までに学生が身につけるべき資質[39](Graduate Attributes)として掲げ、ホームページなどでうたい、それを各学部・研究科のカリキュラムと密接に連動させ、教育の質保証に努めていました。そして、訪問した先進大学の関係者へのインタビューやホームページやパンフレットなどにより、汎用的技能とアクティブラーニングとの関係について次のことを学ぶことができたのです。

大学教育の目的は学生に卒業までに、それぞれの専門的な仕事に就けるだけの専門性だけでなく、ビジネスマンとしてしっかりやっていけるように、この汎用的技能(動機付けや態度も含めて**コンピテンシー**と呼ぶことが多い)とは、ひとりの人間(国民、社会人、地球市民)として「持続的に発展できる」社会をつくり、支えていける見識(態度、常識、人間性)を身につけさせてやることです。そのためには、どう考えても従来型の講義形式の授業だけでは不十

分です。講義は知識伝達、幅広い視野や関心・理解、人間性の醸成には役立ちますが、コミュニケーション能力、リーダーシップ、問題解決能力、ICT活用能力などのように、知識を総合して現場の問題に適用し、個々の問題に対処し解決する力を育成するのには役立たないのです。本書で紹介しているBE研究というアクティブラーニングの価値はこの観点から考えると明らかです。工学が単なる理論や法則の追求だけでなく、それらの知識を実際の現場に適用してこそ価値を産む学問であることから、現場に即したテーマに自律的に取り組む姿勢を身につけさせようとするOJE法が適していると言えるでしょう。また、それらが教育効果を上げているのだと思います。

（2）汎用的技能の育て方の誤解とあるべき姿

ところで往々にして、汎用的技能に関する誤解があります。それは、講義をやめて実習中心、実技中心の授業にすれば、さまざまな汎用的技能を習得させることができるという考えです。コミュニケーション能力を例にとって説明しましょう。コミュニケーション能力は、言語（国語）についての基礎学力やライティングやスピーチなどの要素的能力から成り立っていると言えるでしょうが、コトバ、ライティング、スピーチなどの知識・技能を実習や実技でそれぞれ教えればよいのでしょうか。否、そうした考えは誤解です。それだけでは現場で役立ちません。

（注39）２００８年12月の中教審答申をきっかけに「学士力」と呼ばれるようになった。

要素的知識・技能の多くは講義形式でも、あるいは、学生が自分で勉強し、練習して身につけることができます。しかし大学の授業で試し、磨き、鍛え、伸ばすべきは、それらを総合して現場で仕事に役立たせる実践力や応用力なのです。

そうした実践力や応用力は、授業中に、そして授業時間外にも、学生に単独あるいはグループで行わせるさまざまなアクティビティーを通して身につくものであり、本当に力が付いたかどうかを、いろいろな場面で厳しく評価することが肝となります。たとえば、ワシントン大学ではすべての科目の期末試験でペーパーテストとともにプレゼンテーションを課しており、ペーパーテストがよくてもプレゼンテーションがだめだと単位が取れません。そして、大学はライティングセンターを設けて学生の学修を支援しており、レポートライティングだけでなくプレゼンテーションのためのセミナーや個人指導を行っています。ワシントン大学は、このような卒業生のプレゼンテーションスキルの高さを、大学の売りにしています。期末試験にプレゼンテーションを課し、プレゼンテーションに自信のない学生は、ライティングセンターに行って専門家によるセミナーや個人指導を受けることにより、自らのスキルを磨きます。これこそまさしくアクティブラーニングのひとつのあり方と言えます。

（3）汎用的技能を育てる、学び続けるアクティブラーニング

コミュニケーション能力のひとつの要素であるプレゼンテーションスキルですら、厳しい評価と手厚い支援の下でのアクティブラーニングにより、学生が身につけるべきものです。だか

ら当然、そうした要素を組み合わせ、総合した実践力を身につけさせるには、より実践的な形式で、現場に近い状況で学習させることが必要となってくるのです。すなわち、実践知・臨床知と呼ばれるものは、実際の仕事に近い形式・状況での問題解決学習、経験学習、共同学習（協調学習）によらなければ学生に獲得させることは難しいのです。

また、知識や技能は、科学技術が急激・急速に発展している現在、大学卒業後も自らが時間を惜しんで、絶えず更新・増強すべきものですから、生涯に渡って「よき学修者」であることが求められているのです。こうした態度や素養を身につけさせることが、既存の知識・技能を教えこめばそれでよしとする旧来の大学教育を変革し、アクティブラーニングを自ら行い学び続けることができる人材、すなわち、「**アクティブラーナー**」を育てることが現在の大学教育がめざす目標のひとつになっているのです[40]。まさに時代はアクティブラーナーを求めており、アクティブラーナーはアクティブラーニングを通して養成されるのです。これが、「今なぜアクティブラーニングなのか」に対してのひとつの有力な答えと言えます。

（注40）たとえば、九州大学で教養教育改革を推進している基幹教育院はアクティブラーナーの育成をミッションに掲げています。
（http://www.artsci.kyushu-u.ac.jp/about/ ２０１５年10月８日アクセス）

8 アクティブラーニングの問題点、課題

アクティブラーニングにも問題点は当然あります。ここでは、日本の大学教育に取り入れられて久しいＰＢＬを事例として、問題点を指摘して考察してみたいと思います。

（1）医療系におけるＰＢＬ初年次教育の曲がり角

日本の医療系の大学・学部において10年来実施されてきたProject-Based Learning型と*Problem-Based Learning*型のいずれにせよ、チュートリアル教育と呼ばれる現行の初年次教育は曲がり角に立っていると言えます。関西の医療系大学に勤める教員の話では、ここ2～3年で多くの医療系の大学・学部で「チュートリアル」と呼んで実施してきたＰＢＬ型の初年次教育が見直され、廃止されたということです。医学科の初年次チュートリアルをやめて、高年次学部専門教育にＰＢＬ型カリキュラムを移す大学もあります[41]。

その理由のひとつはコストパフォーマンスが悪いことです。小グループ単位での共同学習は通常の講義より多くの担当教員が必要な上に、学習支援のための人的環境、経費、教室設備、授業時間などが、他の授業より格段に多くかかるのです。その割に学生の学習成果は必ずしも良いとは言えません。バラツキが大きく、特に知識習得という点では大人数を対象とした従来型の講義（と厳格な筆記試験）による「教え込み」と違いがなく、知識習得の効率性だけをみるなら講義の方が勝っているのです。

もうひとつの理由は、「ただ乗り」の問題です。ＰＢＬは小グループによる共同作業によって進められます。グループワークに積極的に参加し、課題解決に貢献する熱心な学生もいれば、消極的、あるいは、いやいやＰＢＬに参加し、楽して単位を取ろう、そこその成績をもらおうと、「めんどうな」割に成績評価につながらない仕事を他メンバーに押し付ける利己主義の学生もいるのです。知識取得や非常に具体的なゴールを目的にＰＢＬをするとこの「ただ乗り」する者の指導や評価が問題となります。

そうした「ただ乗り」を防ぐために各グループの監視を強め、グループワークへの貢献度を、きめ細かい観察とプロセス評価を行って成績評価に反映させることは、決して容易ではなく、ただでも悪いコストパフォーマンスをさらに落としてしまうのです。また、グループワークをする上で不可欠な雰囲気づくりをするうえでは、教員が個々のメンバーについてそうした評価（アセスメント）を実施し、成績において差別化を図ろうとすることは、決して良いことではありません。意図に反して、共同よりも競争を意識させ、「抜け駆け」を奨励し、助け合いを阻害し、主導権争いや役割分担における相克・軋轢を生じさせ、チームワークをだめにしてしまうことすらあるのです[42]。

このようなコストパフォーマンスの問題、とくに知識取得の面では効果がさほど上がらないこと、そして、グループワークにおける「ただ乗り」問題、その対策やグループメンバーを成

（注41）たとえば、神戸大学医学部医学科。
（注42）シュワルツら編著、大西監訳（２００７）篠原出版新社、とくにSection3を参照。

績で明確に差別化することの困難さは、ＰＢＬ型カリキュラムに通底しています。これらは対応を間違えれば、ＰＢＬ型カリキュラム自体に対する反対者を息づかせ、それが立ち行かなくなることも少なくないのです。これらはカリキュラムを推進するスタッフだけでなく、学部・学科の責任者にとっても深刻な頭痛の種となってしまう可能性があるのです。

こうした背景を知ると、日本で、これまでＰＢＬを初年次教育として実施してきた医療系大学・学部がＰＢＬをやめて通常の講義に戻していることは理解出来ます。しかし、その一方で、日本の高等教育機関は今まさに、初年次教育をはじめとしたあらゆる教育場面で「アクティブラーニング導入度」を高めようとしているのです。しかしながら上に述べたように、先行した医療系ではすでに「見直し」の段階にあります。よほど注意しなければ医療系以外の学系が周回遅れで医療系の轍を踏んでしまう可能性があることを、筆者は危惧してしまいます。

しかし、本書の対象であるＢＥ研究、そしてその場となっているＢＥ専攻はこれらの問題をうまく回避しているようです。コストパフォーマンスの点では、全体規模が三十数人を原則４人の班に分け、連携教員と専任教員の２人が役割分担して指導しているので、全体規模も班も適当サイズでしょう。確かに手間は掛かっているでしょうが、専攻のフラッグシップ科目であるので大問題にはなり得ません。また、演習内容も成果よりもプロセスを重視した自律思考と自律行動を狙っていて、知識習得のためには他の座学講義を用意しており、科目の成績評価の観点として知識取得は薄いので問題になりにくいと言えます。

（２）ＰＢＬの問題、導入時の留意点

こうしたＰＢＬの「蹉跌」はその導入直後から問題とされてきました。ＰＢＬカリキュラムへの転換は、甘い見通しや中途半端な準備・計画ではうまくいきません。推進スタッフが管理者の理解と支持の下で、専門家の協力を得ながら、小さい挫折や失敗を経験しながら、サポーターを増やし、反対者を説得して協力者に変え、ファカルティ（教員組織）を巻き込んで、ようやく導入が成功するのです。また、導入後も、ＴＡの確保、他の科目との連携、いろいろな学生への対処、成績評価と授業の運営など、さまざまな試練があり、それらをスタッフの専門性と経験、情熱と努力と創意工夫、そして、学内外の専門家や経験者の協力によって乗り越えていかなければならないのです。

こうしたことを知らずに、「文部科学省の政策だから」、「他の大学がやっているから」、「今のトレンドだから」、といった理由で、専門性や経験のないスタッフだけで「見よう見まね」でトライすることは百害あって一利なしであり、大やけどをすることになりかねません。これはＰＢＬだけでなく、アクティブラーニング一般について言えることで、本格的に導入し、定着させ、学習成果を出し、限られた教育資源の中で無理なく実施していこうとするなら、それ相応の覚悟、かなりの思い切り、決心が要ると言えます。この問題を考える上で、シュワルツらによるＰＢＬの導入・実践事例集[43]は、大いに参考になります。失敗を招く要因と、それら

（注43）シュワルツら編著、大西監訳（２００７）篠原出版新社

- 導入に際してファカルティや他部局がもたらす政治的障害(反発・抵抗・妨害など)を克服・解消する方法
- 教員と学生に導入を納得して受け入れさせるための説得の仕方
- かかわる教員とTAの教育・訓練
- 適したカリキュラムを構築する際、考慮すべき問題
- 学生が誤解し不信感をもったまま中断・修了させないための方策
- 各科目において学生個々のパフォーマンスを適切にアセスメントする方法
- 授業中に生じやすい生産性やチームワークの低下・欠如といったグループのトラブルへの対処
- 授業中にトラブルを起こす問題学生への対処
- 授業での学びを臨床(現場での実務)につなげるために考慮すべき問題
- 医療系以外の領域でその授業形態を導入する際にとくに考慮すべき問題

表 4.1　Problem-Based Learning に関する諸問題

Schwartz, P., Mennin, S., & Webb, G. (2001) *Problem-Based Learning: Case Studies, Experience and Practice.,* Routledge: New York. 及び シュワルツら編著 2007 6頁を参考に筆者が原著から訳出。

への対策が事例とともに研究され、医学教育関係者の必読書となっています。その中で示される主な諸問題を表４・１に示しました。

　これらの観点からＢＥ研究を見てみましょう。そこでは、教育対象の院生は専攻の定員としてはっきりしていて、その教育法を開発し運営するのはＢＥ専攻の専任教員ですから、問題発生の源は少ないのです、たとえ発生しても専任教員に彼らには明確な目標があり教員連絡会という問題解決の場を持っていて、さらには解決せねばと明確に思っているのです。したがって表４・１に懸念されるようなことの多くが未然に防がれ、起こったとしても解決できる可能性が高くなると言えるでしょう。

（3）アクティブラーニングの形骸化

国立大学が法人化される十数年前、北海道大学、東北大学、京都大学、神戸大学、九州大学の大学教育研究センターを通信衛星で結んで定期的に大学改革に関するセミナーを開催していた時期がありました。そのセミナーで京都大学のある教員が大学教育改革について述べた次の一言が心に残っています。

「どんなによい改革でも、3年もすれば形式化してしまい、その意義も効果も失われてしまう」

いったん、よかれと思って導入したシステムも方式も、遅かれ早かれ形骸化するものです。それまで抱えてきた課題や問題を、組織体制を変え、方法を変更することで達成・解決しようとしたはずなのに、新たな組織や方法を維持・継続することが主たる目的になってしまい、改革の趣旨は忘れ去られてゆきます。そうなると結果としては改善どころか改悪になってしまうことすらあるのです。こういう顛末は、とくに外圧による改革や、時流に乗ったリニューアルが陥りやすいと考えます。それらの導入・変更は割と楽であることが多いのですが、それゆえ長続きしにくいのです。まさに「イージーカム、イージーゴー」であると言えるでしょう。第1章**4**で、「BE専攻は退路を絶って、年限がなく」という言い方がされましたが、そのような組織体制ではここで言うような問題は起こりにくいのです。

（4）教え込みで起こるパラドックス

約十年前、高等教育界でいわゆる「2008年問題」が問題となっていた時のエピソードを振り返ってみます。それは、「ゆとり教育」世代が大学に入学してくるので、大学ではどういう対応が必要かを検討した場面でのことでした。カリキュラム変更状況を知るために、神戸大学に学生を多く送り込んでいる大阪・兵庫の高校教員を招いて話を伺いました。その時、ある教員が次のような話をしました。

「ゆとり教育」への移行に伴い、授業時間だけでなく授業内容も大幅に削減された。教える事項が減ったので授業時間が減っても大丈夫、というようには、決してなっていない。教員は絞り込まれた学習内容を、よりしっかり生徒に学ばせようと、時間をかけて丁寧に教え込もうとすると、かえって時間が足りない。大学入試があるから、教員にも生徒にも決して「ゆとり」は生まれない。

こうしたパラドックスはあらゆる教育シーンにみられます。教師が教え込もうとすればするほど、学生はより依存的になり、ますます教師の教え込みが必要となるのです。こうした「教え込みのパラドックス」は、教師と学生がともに陥りやすい罠です。ここから抜け出すには、学生に自立心を持たせ、自律的に学修（授業での学習と授業時間外学習）できるようにさせることが必要です。そのために、教師は学生の自主性、自発性を極力尊重し、学生が自覚を待ち、学生が自ら学ぶための環境づくりと学修支援に回り、ファシリテーターの役割に徹しなければなりません。手のかけすぎや抑えつけは禁物なのです。

（5）アクティブラーニングが陥りかねない罠

アクティブラーニングという名の大学教育改革がめざすものは、学生に自ら学ぶ力を身に付けさせ、考える力、生きる力を今まで以上に強めることにあります。この改革が形式化・形骸化し、単なる授業形式の変更、大規模クラスの少人数教育への転換、教員、ＴＡ、教室、ラーニングコモンズ等の学修施設、図書館の改修・整備など、教育コストの増大だけを招くなら、混乱と失敗、そして荒廃を招くだけではなかろうかと懸念します。

予算に余裕があり、毎年増額されるなら話は別なのですが、予算は毎年削減され合理化・効率化ばかりが強調されるのが現状ですので、形だけの改革はやってはなりません。アクティブラーニングにより学生が自ら学び考える力を高めようとするなら、大学関係者には覚悟だけでなく、正しい状況判断と見通し、綿密な設計・計画、十分な準備、慎重な導入と実施が不可欠なのです。

形式だけの変更は逆効果です。アクティブラーニングという名のもとで、授業形態の変更だけが問題とされ、学生の調べ学習から、グループワークの進め方、レポートの書き方、プレゼンテーションの仕方、振り返りなどを、その意味・意義を理解させずに、学生自身の覚悟も動機づけもなしに、テクニックだけを必要以上に丁寧に教え、学び方を強要・強制するなら、かえって学生の自立心を削ぎ、ますます「言われなければ学習しない」、「指示待ち」人間、自分で考えて自分で行動できない「依存的」な存在にしてしまいます。また、税金への知識が脱税に利用されるように、よこしまな学生にとって、アクティブラーニングの知識も技能も、「ただ乗り」「ズル」「抜け道」のススメとなるでしょう。場合によっては医療系がたどった道より悪い結果となるかもしれません。

幸いなことに、BE専攻でのBE研究は教員自らが開発したもので、その教員の多くが運営に携わっていますので大丈夫ですが、今後スタッフが交代していく過程においては、この形骸化に注意が必要なことは言うまでもありません。また、この教育法を他組織に展開していく場合にも、きちんとした意思を持ち配慮された組織が必要です。

9 工学教育とアクティブラーニング

(1) PBLとJABEE

工学教育関係者の多くにとって、20年近く前に[44]JABEE（ジャビー）による認定は一大関心事でした。その際に、ここでの主題であるアクティブラーニングの先行した手法例であるPBLが着目され、工学系の教育に導入が始まったことを多くの関係者は覚えていると思います。そして、それをすでに久しいことと思い、アクティブラーニングという言葉に「今さら」という感じがあるかもしれません。しかし、現状から認識を改めるためにも少々これらを振り返ってみる必要があると思います。

ＰＢＬが汎用的技能（Generic skills, Graduate Attributes）や教育の質保証などとともに、日本の工科系大学・学部に広まったことに、ＪＡＢＥＥと日本工学教育協会が果たした役割は小さくありません。20年近く前、日本の大学でＦＤが話題となりました。ＦＤがまだ耳慣れない言葉だったこの頃に、ＪＡＢＥＥはＡＢＥＴ[45]（エイベット）の日本版として始まりました。それに認定された大学・学部を卒業したエンジニアを雇っていない企業は、国際的な入札に参加できなくなるとのことだったのです。ＪＡＢＥＥに認定されるには、学部専門教育だけでなく全学共通教育（教養教育）も審査の対象になっていました。ＪＡＢＥＥは工学者教育が国際的に通用するエンジニアを育てる教育システムでなければ認定しなかったのです。

そのため、工学の専門分野についての知識と技術を習得させるだけでは不十分で、母国語によるコミュニケーション能力や文章表現力、プレゼンテーションスキルはもちろんのこと、英語によるコミュニケーション能力や異文化理解、リーダーシップ、問題解決能力、情報収集・分析力、ＩＣＴ活用能力など、ビジネスシーンで求められるコンピテンシーをしっかり身につけ、現場で応用・実践できるようにさせることが求められるのです。そのための教育方法のひ

（注44）日本技術者教育認定機構、Japan Accreditation Board for Engineering Education
（注45）米国工学技術教育認定機構、Accreditation Board for Engineering and Technology

とつにＰＢＬが着目され、多くの工科系大学・学部でカリキュラムに取り入れられました。そして、これが定着し、テーマや方法・運営の仕方などについてノウハウが蓄積され、確かな成果が得られるようになり、ＪＡＢＥＥの認定を受けるか否かにかかわらず、今ではほとんどの工科系大学・学部でＰＢＬによる授業が複数コマ開講されるようになっています。

（２）工学系でのアクティブラーニングの視点

筆者が10年前にオーストラリアの大学での調査を行った際に、ある工学部のシラバスを見て、深く考えさせられました。それはＰＢＬ科目のものでした。そこでは、それを履修することによって身につく能力がリストアップされ、授業ではそれらをどのようにして身につけさせるのか、それらの習得をどのように評価するか、合格の条件についてなどが詳しく述べられ、そのための心得や支援体制についても説明されていました。とくに、印象に残ったのは、履修上の注意として、その科目にかける時間（学習時間）に関する説明でした。そこには次のように書かれていいます。

「課題をこなすためにはそれなりの時間が必要であるが、時間をかけすぎてはならない。時間管理を上手にして、チームで協力しあって効率良く作業を進め、定められた時間の中で課題をこなし、しかもできるだけ質の高い成果が出せるように努めることが大切である」

これこそがＰＢＬの本質であり、時間管理、チームワークを含む業務遂行能力こそが工学部の卒業生が現場で求められる能力に他なりません。半年から1年をかけてのグループワークの中で遭遇するさまざまな困難にぶつかり、悩み苦しみながら、それに対処し、それを乗り越えていく中で、人間的に成長し、ノウハウを吸収・蓄積して、一人前の「仕事のできる」エンジニアとなっていくのではないでしょうか。講義による知識伝達だけでは不十分であるからこそ、ＰＢＬが欧米で工学教育に取り入れられたのでしょう。

そう考えると、医学系教育において盛んに導入されたＰＢＬは、医療現場での症例研究（カンファレンス）とよく似たものですし、ＭＢＡ教育の代名詞となっている事例研究（ケーススタディー）の授業風景は、会社での会議や商談（交渉）やコンペとよく似たシーンを含んでいます。すべて、現場の実践（臨床）を想定し、それに近いかたちで、現場でよくある問題・課題・事例を扱い、学生自身で、あるいは学生同志で考えさせ、調べさせ、検討させ、成果をまとめて発表させ、討議させるのです。こうしたアクティビティーに学生は喜んで積極的に参加し、目の色を変えて課題に打ち込み、それなりの成果を出し、多くの経験をして、さまざまな能力を伸ばすのです。

むろん、こうした形式自体が学生のやる気と学びをもたらすわけではありません。扱う内容もグループワークの進め方も、ときにはフィールドさえもが、自らがめざす職業に直結しているからです。こうした教育・学習はしばしば「まっとう（オーセンティック）な」教育・学習と表現されています。「まっとうな」教育・学習に近づけることで教育の質を高めることこそが大学教育改革の「まっとうな」姿です。

工学系大学や大学院での卒論や修士論文研究は実はかつては、「まっとうな」教育・学習でありアクティブラーニングだったと思います。「だった」と言うのは、今はそうではなく、それら研究のテーマがあまりに先鋭化し細分化されすぎてしまって、学部生と大学院生が将来就く職業とのつながりが漠として見えにくくなっているからです。この原因はいくつかあります。まず、最先端の研究と実社会での応用の接点が、最近の生活体験が乏しい学生には見出しづらいのです。昔はこの接点がよく見えたし、大学の学科・専攻と産業界の業種はうまく対応していたのです。別の原因は、最近のあまりの研究業績を追求する傾向や、産業界や業種の変化が激しく研究テーマとやりたい仕事とのギャップが広がっていることでしょう。そのため、研究テーマが実践とは感じられないのです。

医学部を見ればそこには附属病院という実社会にひらかれた実践の場があって医師の教育の場でもあります。工学では学内に企業や工場はないので、次第に卒論修論は「まっとうな」アクティブラーニングではなく「研究」そのものになってしまったのです。このギャップを埋めるものとしてBE研究の意義があるのだと思います。今、学生達は工学系に限らず、就職活動の一部とも見られるインターンシップに盛んに参加し、企業や実社会の業務に触れようとしています。BE研究は、招へい教員が持ち込むテーマに取り組むことで、このインターンシップと同等の体験をしていると言えます。実際のところ時として、BE研究をインターンシップ・オン・キャンパスと称しています。

（3）工学教育協会で見た工学のアクティブラーニング

ここでは、工学教育におけるアクティブラーニングのトレンドに関して気になることを述べたいと思います。筆者は2014年8月に広島大学で開催された工学教育協会研究発表大会に参加しました。予想通り、PBLをはじめ、アクティブラーニングといわれるさまざまな授業法、教育方法に関する実践報告が多く、工学教育にもアクティブラーニングブームの波が押し寄せているように感じました。

中身は多様で、1年次から4年次まで段階的に進行するPBLのカリキュラムを体系的にデザインしているもの、ものづくりと地域連携・社会貢献を組み合わせているもの、定番となった「ロボコン」もどきの初年次教育、大学のホームページを魅力的で使いやすくするためのグループ研究、さらには、米国での将校教育をはじめ、多くの管理者教育に用いられるようになっているProject Management（PM）手法の講習と実習を中心としたものまで、実にさまざまな形のPBLが紹介されていました。そのほとんどが、学生のニーズや興味に合わせ、学生が楽しみながらグループで課題に取り組み、一定の期間内に成果物を出すものであり、確かにアクティブラーニングと言えるものでした。しかし、そのやり方、学習目標、評価方法等について感じた、いくつか疑問と懸念を下記の①〜④で述べてみたいと思います。

①単なる「遊び」になってしまう恐れ、特に初年次教育

初年次教育として実施されているPBLの中には、1人の教員が複数のグループワーク

を同時に受け持つ場合、放任的になり、観察・監視が行き届かなくなり、各グループの状況に合わせたタイミング良い、適切な介入、きめ細かい指導ができていないのではないかという懸念を感じました。

これではグループ間のばらつきが大きくなるだけでなく、学習・教育の質もコントロールできません。質の高い成果物は期待できないでしょうし、学生一人ひとりの学習成果、すなわち、人間的成長や、そのきっかけとなる気づきもあまり期待できません。単なる「遊び」になってしまう恐れがあるのです。むろん、1年次を対象とした教育では専門性は要求できませんし、身につけた専門知識・技術の応用も期待できないのです。きっかけや動機付けになるなら、よい方だろうと感じます。

また、グループワークを通してリーダーシップやコミュニケーションの能力を育成するなら、それなりにグループごとにファシリテーターをつけて、全体や個人に適時、適切な介入・支援をし、振り返りをしっかりさせることが必要なのです。少なくとも十把一絡げのスタイルではこうしたことはできません。

②高度な技術にはかえって講義の方が有効ではないか

遊びでない、確固とした専門教育として位置づけるなら、専門が身についた大学院で行うべきではないか、と思うものもありました。急速・急激に科学技術が発展しており、イノベーションも突如として起こり、爆発的に普及して、世の中の常識や社会生活を一変させてしまうのです。そうした工学系の現状では、高度でしかも細分化された科学技術の最先端の知識を吸収し、最新のシステムやデバイスの技術をすばやくマスターするためには、かなり分厚い基礎が要求されます。基礎・基本を徹底的に叩き込み、教え込むには専門家による体系的でわかりやすい講義の方が有効で、あえてアクティブラーニング型授業をしても非効率なのです。

③企業のスペシャリストが経験の少ない低年次を教えて効果があるか

企業が人材育成を目的として実施し効果を上げている手法を、企業研修のプロ、人材育成のスペシャリストが、アイデンティティも確立していないし、ビジネス経験どころか、アルバイト等を含めた社会経験がほとんどないような18〜19歳の若者たちに、実際に会社の従業員、それも、中堅クラスや幹部候補生を相手にする研修・訓練をしてどれだけの意味・効果があるのか、という疑問を感じるものもありました。

④アクティブラーニングによる大学格差拡大への危惧

アクティブラーニングを重視した質の高い教育には人もお金もかかるので、大学間格差、とくに一部の例外を除き、国公立と有名私立との差がさらに広がっていくのではないかと感じます。むろん国公立が有名私立より不利であり、現状でも負けているという話です。今流行りの個人学習塾のように、商売的に十分なスタッフとお金をかける意味があるならば別ですが、学費が安く、予算も教員数も少ない上、それらが毎年削減され、さらには研究志向が強い国公立大学の工学系ではムラ、ムダの多い授業科目を無制限に増やすことはムリな話です。潤沢に予算や教育資源を教育にあてることのできる私学が圧倒的に有利です。その結果、日本も米国のように、学費が高いが、学生数が少ない割に教員数が多く、きめ細かい丁寧な教育で定評のあるリベラルアーツ系の私立大学が、教育の質で一人勝ちし、ますます優秀な学生を奪っていくのではないかと危惧します。

(4) 大学院教育と社会のなかでのBE研究、OJE法の意義

工学系、しかも大学院での教育にアクティブラーニングを適用しているBE研究の妥当性や意義について、ここまで述べた流れと関連づけ、さらにBE専攻を発足以来観察し続ける中で、BE専攻教員からヒアリングしたさまざまなことも含めて考えてみます。

工学系では教育研究の対象とする最先端技術の進展がとても速いため、学生・院生に講義形式で紹介し、教え込むしかない項目が非常に多く、しかもそれらの下地となる専門基礎科目もないがしろにできません。しかも、大学院は研究志向がとても強く、研究成果とそれを課題にして育てた人材を含めて、高度成長期からバブルに至るまで日本を支えたという自負が強くあります。しかし、工学系であろうが、大学院であろうが、今の時代、先述のコンピテンシーや汎用技能が高度技術者や研究者に要求されていることは、もはや工学系の教員にとっても周知の事実です。また、日々接している学生・院生にそのような能力を付けねばならないと実感も

しています。したがって、工学系大学院ではこの教育研究システムには基本的な自信を持つ一方で、時間的にイッパイイッパイで新たな改革には動き難い、という悲鳴に近い呟きがあるようです。

工学系では伝統的に、教え込みの講義と並行した演習がずらりと並び、加えて実習や学生実験、さらには論文作成のための研究とそれに伴う研究室内でのゼミ活動があります。教育研究の課題が絞られていた高度成長期までは、研究室での課題を遂行するための、考え方、調べ方、問い合わせ方、結果の見せ方、などの必要要素が企業等での仕事とうまくマッチしていました。すでに指摘したように、これは就職後も仕事ができる人材を育成する仕組みであり「まっとうな」アクティブラーニングをやっていたのです。しかしながら、時は過ぎ、産業界の多様化、整理統合、新技術・新産業の勃興がありながら、大学の工学系の分野分けはこれに追従してはいません。大学院で勉強し研究した分野と就職後に取り組む分野が一致する幸せな場合が、ドンドンと減っています。また企業の事業の変化も激しいため、新たな技術や場面に柔軟に素早く対応できる人材、すなわち、汎用的技能やコンピテンシーを備えた人材でなければならないのです。まさに、自ら学び続けるアクティブラーナーである技術者・研究者に育てなければなりません。

これを、研究志向の高い工学系大学院で行っているのがＢＥ専攻であり、ここで実施されているのがＯＪＥ法による演習科目、ＢＥ研究です。とても時代に叶ったものと言えます。企業など学外からの連携教員が演習課題を持ち込み、専任教員と組んで通年にわたって少人数の院生グループの指導に当たっています。

課題は院生の専門性から離れていますが、実際の企業や社会活動を背景とした「活きた」問題解決への実践が求められ、いわゆる「ガチ」の体験が得られます。M1の院生が持つ知識・経験は学部低学年生よりはるかにレベルは高く、先端技術への対応にはまだまだとはいえ、専門性の自覚は持ち始めていて柔軟性は高いのです。つまり、アクティブラーニングで求められる自走性を持っていると言えるでしょう。このレベルの院生たちが、ある事例では実際の市をフィールドとして市長も含めて市役所職員と直接渡り合って施策の提案も行っているのです(事例紹介にもある徳島県阿南市)。また、他の例では、実企業に商品企画を提案したりするのです。

院生たちは数ケ月間の時間をかけた取り組みの中で、自らの専門性を活かすことも考え(ほとんどの場合は直接役に立たないのですが、それはそれで、手持ちのモノ・コトだけでは足りないという重要なことを知ります)、さまざまな調査や聞き回りをしながら一生懸命取り組むなかで、汎用的技能を身に付けることができています。これは、第5章で示されるアンケートやインタビューによる教育効果の評価結果にも明瞭に表れています。

10 アクティブラーニングの評価指標

アクティブラーニング形式の授業を評価するための4つの指標（以下、ＡＬ評価指標）を掲げておきます。各項目がどの面に関連するかがわかるように、番号の次にカッコでくくって示しています。以下、各指標について簡単に説明しておきます。なお、第5章 **1**（2）に教育評価の枠組みとの関係を説明していますので、それも参照してください。

ＡＬ評価指標

①【環境】実際の仕事に近い形式・状況が設定されているか
②【学習】学生がコンピテンシーを身につけられるものになっているか
③【指導】学生が自立的に取り組めるように配慮されているか
④【運営】運営にあたってコストパフォーマンスは妥当か

①【環境】とは、実際の仕事に近い形式・状況が設定されているかどうかについての指標です。応用力や実践力を重視するなら、学習はできるだけその成果が発揮される「現場」に近い状況でなされるべきです。受験勉強をするには、実際に試験が実施される時間帯に試験会場と類似の場所や雰囲気の中でやる方が望ましいのです。学生が社会に出て仕事をする時に発揮したい能力であれば、当然、現場に似た環境で、しかも実際の仕事に似た状況の中

で身につけるべきです。むろん、学習事項も仕事に直接関係のあるレリバント（relevant）なものでなくてはなりません。

②【学習】とは、学生がコンピテンシーを身につけられるものになっているかどうかについての指標です。知識・技能・態度のいずれにせよ、そのアクティビティーやカリキュラムを通して、学生が当該の汎用的技能、とりわけ仕事に直結する職務遂行能力（コンピテンシー）をきっちり身につけることができるようになっていなくてはなりません。また、それを保証する仕組みも必要です。学生にしっかり実力をつけさせるだけでなく、学生が過信でなく自信をもって社会に出ていけるようになっているかを見きわめることも大切です。

③【指導】とは、学生が自立的に取り組めるように配慮されているかどうかについての指標です。たとえグループワークであったとしても、教員が一方的に指示・命令を与えて学生に課題をやらせたのではアクティブラーニングとは言えません。また、学生から聞かれたことを教員が教え、手取り足取りをするのも、論外です。もっとも、学生を甘やかし依存的にさせるのでは逆効果ですが、ほったらかしでもいけません。適切なタイミングに上手に指摘・助言をすることにより、学生たちが自ら課題をみつけ、自分たちでやり方を考え、工夫しながら課題を遂行できるのでなければなりません。グループの雰囲気、そしてそれを作り上げる教員のリーダーシップ（指導力）が問われます。

④【運営】とは、実際の運営にあたってコストパフォーマンスは妥当かどうかを評価する指標です。どれだけすばらしい教育プログラムでも、コストがかかりすぎるのでは成功しません。たとえ最初はなんとかなっても、決して長続きしません。もっとも、教育におけるパフォーマンスは、ビジネスのように利益（お金、儲け）ではありません。なにをもってパフォーマンスとするかによって、コストパフォーマンスの評価は違ってくるでしょう。が、運営にあたってこれが組織にとって妥当なものか、常に考えておく必要があります。

これら４つの評価指標はまだ試案の段階ですが、これらを用いてＯＪＥを評価するとどのようになるでしょうか。参考のために、第５章❷の教員インタビューではこれらの評価指標が該当する箇所の下に吹き出しの形でコメントを加えてみることにしました。

第５章

ＯＪＥの教育評価と、やってみた教員と学生の本音

1 はじめに

この章ではＢＥ研究をひとつの演習型の授業科目として教育評価を試みます。ＢＥ研究の実施・運営から始め、学生の満足度、学習の効果、学習の成果、さらには卒業後に企業や社会への貢献までを見ていきたいと思います。まず最初に、この教育評価の種類と方法を概説してから、インプット評価、アウトプット評価、アウトカム評価を行い、最後に総括することにします。

評価のための材料として採用したのは、実際にＯＪＥ法によるＢＥ研究の立ち上げや演習指導にかかわった教員に書き下ろしてもらった原稿やインタビュー、そして、この演習を受講した学生への米谷教授によるインタビュー記録です。ここで紹介するのはそれらの大量のデータから抽出したエッセンスとも言える箇所です。これらから、教員が実施し学生が受けたこのＯＪＥという工学教育法教育の立ち上げから運営までをどう進めたか、いろいろな側面に教員がどのように考え、どのように問題に対処してきたかを見ることができます。同時に、これらを通じて教員のどのような考え方や指導の仕方が「うまくいく」ためのカギとなるのかのヒントも読み取れるでしょう。

（1）BE研究の評価の方法

評価を始める前に、大山（2003）[46]を参考に、BE研究を評価するために行ったインプット評価、アウトプット評価、アウトカム評価について解説してから、BE研究を評価する際に何に基づき何に注目したかを述べておきます。

■インプット評価――教員と学生の2側面から「教育の質」を評価する

インプット評価は教育を実施する側から見るものです。実際に授業はどれだけうまく実施・運営され、教育の質は確保されていたかを問うものです。ここでは教育を実施している側の教員側だけでなく、学生の視点からもインプット評価を試みます。これは教員（メンターを務めた院生も含めても）にインタビューを行って教える側から評価するだけでは不十分だからです。教育の質をしっかり評価するためには、授業に参加した学生の声が大いに参考になるのです。実際に受けた授業に学生はどれだけ満足したのか、不満はなかったのか。とくに満足した点、不満で改善が必要と評価された点は何か、という視点を含めるために学生授業評価アンケートや学生へのインタビューを行って、学習者側からの評価を行っています。

■アウトプット評価――成果物の出来ばえと学習の効果

アプトプットは授業科目ごとの評価で、PBLであれば報告書・作品などの成果物が主な評価材料になります。したがって、アウトプット評価は成果物に対する教員や第三者からの評価や、学生一人一人が最後に出すレポートなどの提出物、さらには、折々の教員の観察やチームメンバーどうしの相互評価もアウトプット評価に含まれ、学生の成績となります。しかし、BE研究という科目を対象としているここでの議論では学生の成績は扱わず、教員・学生の双方がBE研究の成果をどのように評価しているかを双方へのインタビューから調べてみます。もっとも、BE研究は成果物の出来ばえにはあまりこだわらず、プロセス重視のカリキュラムをモットーとしています。そこで、ここでの学習効果は成果物に反映されないものと考え、BE研究という科目で学生が何を学び、どういった能力（知識・技能・態度）を身につけたかについて考えることにします。

■アウトカム評価──卒業生のフォローアップ

ここでは学習効果と学習成果を区別することにします。

まず「学習効果」の方を説明します。それぞれの授業科目には、何を学生に学習させ、どんな能力をどの程度まで身につけさせるかという目標があり、シラバスに学習目標（教育目標）として明示されています。学習効果とはこの学習目標がどれだけ達成されたかをいうもので、それを測るためにさまざまな形態の試験（テスト、レポート、実技）が用いられて、それは成績に反映されます。したがって学習効果は成果物や試験の点数をみることで知ることができま

（注46）大山泰宏、京都大学高等教育研究開発推進センター編（２００３）「大学教育評価論」『大学教育学』培風館 pp.39-62

す。つまり学習効果の評価は前節で説明したアウトプット評価です。

一方、「学習成果」は、気づきや動機づけなどの学生の内面の変化や、人間観・人生観や感性などに現れる人間的な成長や、職務遂行能力（コンピテンス）の発達についてみるものです。知識・技能・態度を能力のひとつの側面とみなすなら、コンピテンスの発達も能力の獲得・向上、学習効果のひとつとも言えます。しかし、成果物の出来ばえやテストの点数に現れませんし、それゆえ成績に反映されません。したがって、ここではコンピテンスの発達はキャリア形成と結びついた学習成果のひとつとして扱うことにします。

しかし、いくつもの授業科目から構成される複数年にわたる教育プログラムを評価対象とした場合はこうはいきません。言うまでもなく、多くの科目は互いに連関し、相乗効果を生み出しながら個々の学生の内的変化・人間的成長・コンピテンスの発達を支え、促し、導いていきます。教育プログラムがひとまとまりとなってひとつの教育成果、アウトカムを生み出します。アウトカム評価は個々の授業科目ごとにすることはできません。学生にもたらされた教育成果であるアウトカムの評価には卒業生及び就職先へのアンケートやインタビューが用いられます。

ＢＥ研究のアウトカム評価のためにも卒業生インタビューを実施しました。インタビューした卒業生たちは、ＢＥ専攻の教育プログラムの全体について語り、そして必ずＢＥ研究についての思い出や、学習内容や学習効果が現在の仕事にどれくらい役立ったかを語りました。このアウトカム評価は決してＢＥ研究という科目だけのものではないのですが、それがこの専攻の目玉でもあり学生も最大の比重を置いて語っていることもあり、ＢＥ専攻の教育のアウトカム評価、つまりＯＪＥ法による教育効果への評価ともなると考えてよいと思います。

（2）教育評価の枠組み——カークパトリックの４段階モデル

具体的な評価と結果を紹介する前に、今回の評価の枠組みについて説明しておきます。本来、教育の評価は個々の教員の授業改善のための営みで、同時に組織による教育の質の向上をめざす営みです。組織的な教育の評価では、妥当な測定方法によって得られたエビデンスをもとに現状を振り返り、今後の課題を抽出するのです。それでは、向上をめざす教育の質をどう段階づけるべきでしょうか。ここでは、企業教育の効果を評価する際によく用いられる「カークパトリックの４段階モデル」（Kirkpatrick & Kirkpatrick 2006）[47]を基に、評価の枠組みを考えてみましょう。

カークパトリックの４段階モデルでは教育効果を４つのレベルに分けます。[48] 最下層のレベル１から最上層のレベル４まであり、それぞれを反応（response）、学び（learning）、行動

（注47）Kirkpatrick, D. L. and Kirkpatrick, J. D. 2006 Evaluating Training Programs: The Four Levels. 3rd ed. San Francisco: Berrett-Koehler Pub. Inc.

（注48）米国で企業における研修効果測定に使われている評価モデルについて、カークパトリックの４段階モデルにフィリップスのＲＯＩ（Return Of Investment：投資効果比率）を「レベル５」とし、さらに「サステイナビリティー」と「ベネフィットの共有」をそれぞれレベル6・7とした「7段階モデル」が最近では使われているようである。（きよみ・山崎・ハッチングス ２０１０「海外事情 第5回アメリカの優良企業が利用している「研修の効果測定方法」」http://203.183.1.152/kyotsu/kaigai/n_kaigai_lp5.htm ２０１０年4月19日アクセス）

(behavior)、結果（results）と呼んでいます。この４段階モデルを大学（院）教育に当てはめるなら図５・１のようになるでしょう。

レベル１は学生の反応で、これは授業の満足度や不満といった形で現れます。したがって、学生授業評価アンケートや学生へのインタビューが評価の根拠となります。

レベル２は学習の効果で、授業内容の理解度や興味・関心（の増加）や授業を通してどんな知識・技能・態度が身についたかということです。したがって、成果物やテストが根拠となります。しかし、ＢＥ研究やＢＥ専攻の教育を評価するここでは、根拠として教員や学生のインタビューを採用することは先の節で述べたとおりです。

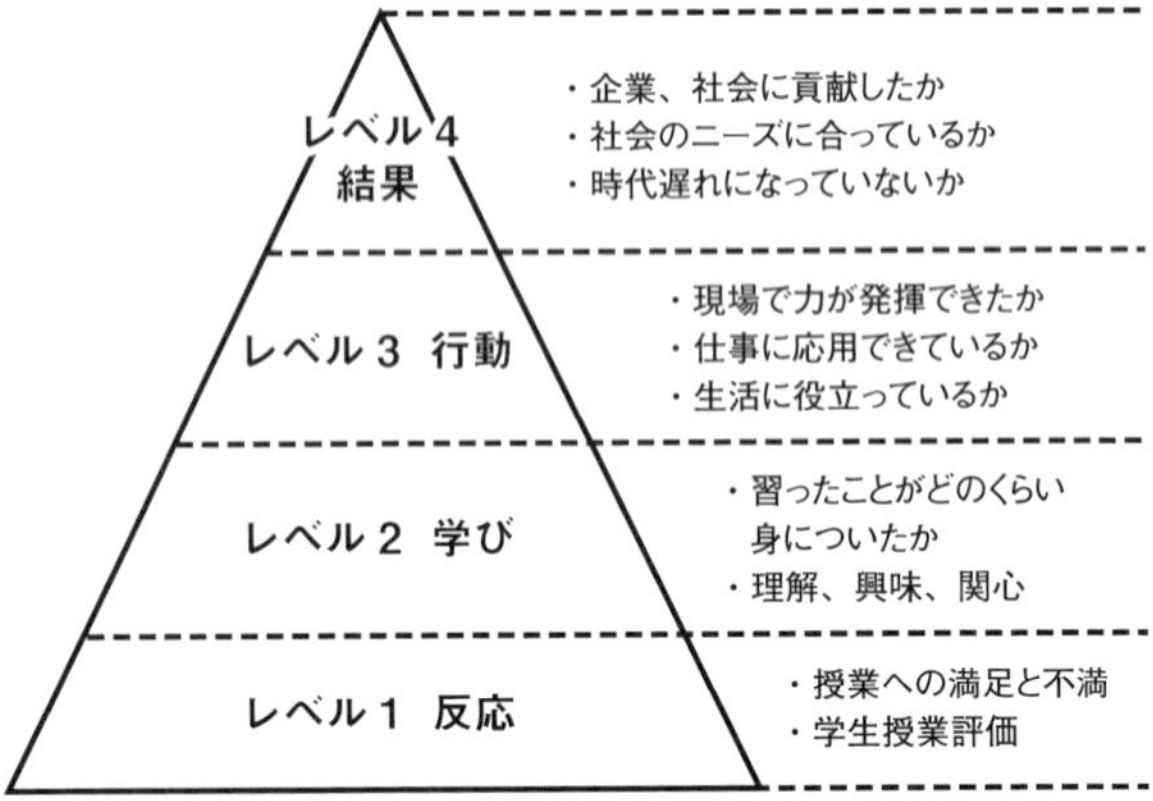
レベル4
結果
・企業、社会に貢献したか
・社会のニーズに合っているか
・時代遅れになっていないか
レベル 3 行動
・現場で力が発揮できたか
・仕事に応用できているか
・生活に役立っているか
レベル 2 学び
・習ったことがどのくらい
身についたか
・理解、興味、関心
レベル 1 反応
・授業への満足と不満
・学生授業評価

図 5.1　教育評価の枠組み―「カークパトリックの 4 段階モデル」

レベル３は「行動」と名付けられていますが、これは学生が授業後、授業により身につけた知識・技能・態度を実際にどれだけ発揮できるかということです。それを客観的に評価するには実際に現場（仕事や生活の折々）で行動観察をしなければなりませんが、ここでは卒業生のインタビューに基づいて間接的に評価することにします。

レベル4は「結果」と名付けられていますが、大学(院)教育における結果は何かといえば、一言でいえば企業・社会への貢献といえるでしょう。その教育を通してなんらかの能力を身につけて現場でそれを発揮したのに、それにより企業や社会がよくならなければ(結果につながらなければ)意味がないとする議論はもっともです。企業であれば利益や業績、社会であれば公益や福祉にどれだけ貢献できているかは、確かに教育効果を考える上で重要です。教育プログラムも授業科目も授業の内容・教材も時代のニーズに合わなくなり時代遅れとなってしまえば、どんなに「よい教育」をしていても社会的評価が得られなくなり、学生も集まらなくなります。BE研究やBE専攻の教育を評価するここでは、卒業生インタビューや教員インタビューを通してレベル4の評価を試みます。

ここで第4章**10**で提示したアクティブラーニングの4つのAL評価指標を、今説明した教育評価の枠組みに照らして見てみることにしましょう。

これら4つのAL評価指標はすべて「教育の質」にかかわるものですので、インプット評価と言えます。一方、カークパトリックの4段階モデル(図5・1)に照らしてみると、AL評価指標の①【環境】は「反応」(レベル1)、②【学習】は「学び」(レベル2)と「行動」(レベル3)、③は【指導】4段階のすべてから評価していく必要があります。④【運営】については4段階の中には該当するものはありません。しかし、カークパトリックの4段階モデルは、その後、もうひとつ上の段階を加えて5段階モデルとなっています。これは「フィリップスのＲＯＩ」と呼ばれるもので、ＲＯＩ（Return Of Investment）は、投資に見合った利益が上がっているかを見る指標です。したがって、アクティブラーニングの４つ目の評価指標④【運営】は、まさに5段階モデルにおける最上位に対応しています。[49]

以下の節では、上に述べた枠組みでＢＥ研究の教育評価の根拠としたインタビューなどの記録のいくつか紹介していきます。まず教員、学生（受講者）へのインタビューをもとにＢＥ研究という授業の内容と方法、すなわちインプットを評価しました。続いてアウトプットとアウトカムを評価するために、学生授業評価アンケートの結果をもとにＢＥ研究への学生の「反応」（レベル1）と「学び」（レベル2）を評価しています。さらに、学生たちの話をもとにＢＥ専攻に対する学生の意識やカリキュラムについて評価しました。最後に、卒業生インタビューをもとに、ＢＥ研究の経験と身についた能力が仕事にどのように生かされているかについて、すなわち、「行動」（レベル3）と「結果」（レベル4）の評価を試みました。本書では、このあと行った多くのインタビューなどのうちから興味深かった、教員、学生のインタビューを抜粋して紹介していきます。

2 教員インタビューからＢＥ研究のインプットを評価する

（1）優れたProject-Based Learningの裏付け

ＢＥ研究はＢＥ専攻の専任教員の他、他部局の教員と外部から招いた連携教員がチームを組んで担当しています。ＢＥ研究のインプット評価のために、専任教員1名と非常勤講師３名のあわせて4名にインタビューをしました。清野智史准教授はＢＥ専攻の専任教員であり、平嶋竜一氏はパナソニックヘルスケア株式会社、松田靖史氏は川村義肢株式会社、川井淳史氏は株式会社フェックで現職をされています。平嶋氏は社会人学生としてＢＥ専攻に学んだ経験があります。ＢＥ研究では、清野氏と平嶋氏が同じチームであり、松田氏と川井氏はそれぞれ別なチームを担任しています。

これら4名の教員がインタビュー中に話した内容からも、ＢＥ研究、すなわちＯＪＥが、担当教員と授業の内容・方法からみて、優れたProject-Based Learningとなっていることがわかりました。以下、印象に残った話の内容と言葉の一部を書き記します。それらはすべてＯＪＥの教育の質を裏付ける根拠であると同時に、ＯＪＥが成功した秘訣でもあります。

（注49）前頁の脚注を参照。フィリップスのＲＯＩについては、熊本大学教授システム学専攻の鈴木克明教授が明快な解説をＷｅｂ上で公開されているのでそれも参照。ＵＲＬは http://www.gsis.kumamoto-u.ac.jp/ksuzuki/resume/addresses/a40728a.pdf（２０１５年10月10日アクセス）である。

「つまらない」みたいな理由では絶対にダメ出ししない

清野教員（BE専攻教員）准教授

清野智史氏は、BE専攻設立2・3年目から教員として参画した。民間の経験はないが、大学発ベンチャーで会社を運営している。BE研究では平嶋氏と2人で「ものづくり」を狙ったテーマ設定を行ってきた。

清野氏は、BE研究はProject-Based Learningであり、「プロブレムを学生が自分たちで設定しないといけない。テーマによって程度の差はあるものの、総じて難易度が超絶高い」という。

平嶋氏と共同担当しているものづくり系のテーマでは、「最初はフリーディスカッションというかブレーンストーミングから始まる。何らかのスクリーニング条件を自分たちなりに設定してもらって、いくつものアイデアを2〜3個に絞る。そこからフィージビリティなども意識しながら1個に絞って、その1個を突き詰めてという進め方が多い。最初に2〜3個絞り込むところまでが、論理的に破綻なく、自分たちの思いもきちんと入れた形でアイデアを絞り込めるかどうかが一つのヤマ」（平嶋氏）という。

こうした指導現場における教員のスタンスについて清野氏は次のように語る。

「最後は学生がすべて決めます。ただ、決めるためのルールを決めないと駄目というサジェスチョンをします。演習を進める際に、年間全体のスケジュールの中で、一つの対象に絞り込まなければいけないタイミングが必ずあります。学生が使うことができる演習時間は有限です。最終成果に到達するためには、議論しているそのタイミングで、どこまで検討が進んでないといけないかを逆算させます。そうなったときに、2~3個ある候補からの絞り込みをする際、『自分たちはこういうルールを基にしてこういうふうな絞り込み方をしました』という、その『決め方を決めないといけない』よ、というサジェスチョンをします」

米谷の『ここがポイント!』
■**AL評価指標3【指導】**
最終判断を教員がしないが、放ったらかしにするわけではない。

あるいは、どんな機器を開発するかという絞り込みの場面では、工数管理やコスト計算よりも、学生の興味・関心や思い入れを大切にする。『つまらない』みたいな理由では絶対に駄目出しはしない」と言う清野氏は、OJEの指導の仕方について次のように語る。

「とある年度の検討過程では、『目が見えなくて困っている人が使用する機器』と、『子どもがアレルギーで困っているお母さんが家庭で使う機器』のいずれにするか、という場面が発生しました。この二つを、論理で比較して決められるわけがないのです。また別の例では、『日本国民の10人に9人が使う医療機器で、年1千億円の売り上げが見込める機器』と、『売上はまったく見込めないが、世界で100人しかいない難病の患者にとっては生死にかかわる機器』とを比べる場合だってあります。お金の事だけを考えたら、後者が消えてしまう可能性が凄く高い。最終的に物を作って市場に投入するまでには考えないといけない要素ではあるけれど、それを前提にはしないで、本当にやってみたいことをやって欲しいと伝えています。

工学の要素がきちんと固まって、どういうことをやりたいかが固まって、最後にそこを検討するというのを追加要素として足してくださいと。そういう指導の仕方をしています」

BE研究の肝は学生にエンジニアリングの基礎を習得させること

平嶋教員（連携教員）招へい准教授

平嶋竜一氏は社会人学生として大阪大学大学院経済学研究科で2年間学んでMBAを取得後、工学研究科で1年間学んで工学修士を取得している。BE専攻のMOTコースの第2期卒業生である。現職は会社の経営企画であり、投資やM&Aをやっている。仕事上、テクノロジーやエンジニアリングについて「いろいろとお話ができるようになりたい」のでBE専攻に入学したそうだ。

BE専攻がめざす人材像について、「プロダクトアウトなのか、マーケットインなのかでいうと、世の中の趨勢は、恐らくプロダクトアウトでは駄目だ、市場のニーズやお客さまの声を聞いて必要とされるものを作らないといけない」と思う。が、BE研究の肝はやはり学生にエンジニアリングの基礎を習得させることだと言う。

「技術者の人たち、開発者の人たちが、自分が本当にいいと信じるものを作るということも一方では大事で、そのことはしっかりとやってほしい。だから、会社で彼らに、何でそれをやるのか、それをやったら誰がうれしいのかだけでもはっきり説明してくださいといつもお願いしています。

変におもねろうとするというか、市場ではこうで、どこかの調査報告書でこんなに需要があってみたいなことを延々と言われると、逆にそれは駄目ですよ。そんなことは別にわざわざ会社の就業時間を使ってあなたから聞かなくても、こちらで調べれば分かる話なのでと言うようにしています。

スティーブ・ジョブズが市場調査に基づいてMacやiPhoneを作ったかというと、恐らく違う。そういうところのバランスをきちんと見られるようになってほしい。バランスというのは、採算や収益を見る一方で、お客さまのニーズの

米谷の『ここがポイント！』

■AL評価指標1【環境】
エンジニアとして大切な態度や考え方が、現場の話をもとに直接伝えられている。

ために技術者のものづくりに対する気持ちは横に置いてしまうという発想ではなくて、それはそれでそのことの大切さをきちんと理解することです。そういう意味で、ＢＥ研究の中で僕が清野先生といつも言っているというか、心掛けているのは、エンジニアリングの基礎をきちんと身に付けてもらうことです。きちんとデータを取る、自分で手を動かす、実証する、再現性、そういうこともきちんと考えられる人たちになってもらいたいと思っています」

マーケットと技術をつなぎ合わせるコーディネータの教え
松田教員（連携教員）招へい准教授

松田靖史氏の本職は義足や装具を作っている会社内で福祉機器の基礎研究を行うエンジニアでありながら、海外から福祉機器を輸入して国内に販売するディストリビューターでもある。数年前、ＢＥ専攻の上西教授に依頼され、「デザインマテリアル」という特別講義を2年間担当した後、ＢＥ研究を担当する。ＢＥ研究を担当するにあたり、上西教授から「今のエンジニアには、自分のことをうまく話して、人に信用してもらって、お金やチャンスや協力をもらうことが全然できない。材料もつくり方もわかって、なおかつ、それがどう社会に役に立つのかわかって、お金や人のサポートがもらえるような先生を探していた」と言われた。

大学で機械工学を専攻し、最初の会社は研究開発、2つ目の会社は機械系の営業と開発をした。2つ目の会社にいるとき、福祉機器のエンジニアリングで知り合った作業療法士をしている今の会社の人から「工場で物を作ってたまに営業に出てというのはもうやめなさい。君のエンジニアリングを社会のために役立てないか」と引っ張られ、エンジニア兼コーディネータとなった。

「マーケットと技術をつなぎ合わせるには時間やお金、物、人が絶対に要りますよね。それをタイトな、ニッチなところで、どう稼ぎ出していくのか、どう借りてくるのかが、福祉機器の業界の人はまだまだできていない」と語る松田氏は、まさにBE専攻がめざす人材像そのものであり、BE研究を担当する民間からの教員としてふさわしい。彼はBE専攻に来る学生の特徴とBE研究での指導について以下のように語る。

「BE専攻の学生は、学部時代の研究室からわざわざ離れて進学してきているわけですから、非常に勝ち気です。覚悟があるのです。だからこそ、どうやったら頑張れるかをすごく試行錯誤するのが特色だと感じています。（BE研究は）1年間限定ですから、あまり専門性のことを考えさせるよりも、「相手の立場になれ」と僕はよく言っていたのです。

いきなり福祉機器の研究をしても仕方がないですから、福祉の意味とか、体に障害を持っている人の意味であるとか、お金を出している厚生労働省の役人の立場であるとか、それを売る営業マンの立場であるとか、そういう立場になって自分の物や業界を見る、自分が利用者になった立場で業界を見るという、視座を変えて物事を考えるということを徹底的にやらせるようにしています。

義肢装具士の専門学校などで教えている学生さんたちに比べると、やはりBE専攻の子たちの方がオリジナリティもあるし、発案も面白いですね。だから、それはきちんとほめてあげます。でも、そこから出てくるハードウェアは全然なっていない場合も多い。そんな時には、ユーザーと社会に貢献できそうかといった視点や、売れそうかどうか、僕も今まで見たこともないような独創的なアイデアが生まれそうか、といった概念を、最初の1か月くらいで伝えます。年間の大体の計画を1～2回目に立てさせるのですが、3回目ぐらいに大概、修正しないといけないようになりますね。そのときに照準を絞って、どういうマーケットを調べて、どういうハードウェアにするのかをそこで深くディスカッションさせます。学生の思いつきでは役に立てない、でも発案は素晴らしい。でもマーケットはあるのか？　機械工学、材料で何とかなるのか？　そういうことを1学期をかけて調べます。すごく迷走する時期もありますが最終提案に至るまでに想定される問題点を、予めすべて思いつくような考え方を意識させます。

専門学校では「これは駄目、あれは駄目」と先に教員からバリアを立てられてしまい、そうして作られてきたのが福祉機器なのです。医療や福祉の制度ありきの世界なので、それは仕方がないし崩すことはできないのですが、BE研究で僕の班でやらせているのは、もっと楽しみがあるもの、もっとお金を出したくなるものです。

病院で処方された機器をただもらうというのではなく、病院で積極的に作って欲しいと患者が願うような、患者が自分から財布を開きたくなるような福祉機器を考えろと。それは今までどこもやっていないことですし、義肢装具士や理学療法士を育てる専門学校でも教えないことですから。

福祉機器自体とは本来制約があるものですが、その制約を取っ払って、ニューマーケットを探す。はじめはニッチかもしれないけれど、みんな高齢者になるし、何パーセントかは必ず障害者になるわけですから、潜在的な顧客は絶対にいる。その人たちがみんなファンになってくれるような機会創出やハードウェア、マーケットやフィールドをつくりなさいと言っています」

米谷の『ここがポイント！』

■AL評価指標2【学習】

単なるものづくり実習ではなく、現場のプロが製品開発にとって根本となる精神を叩き込む場となっているか：単なるものづくり実習ではなく、現場のプロが製品開発にとって根本となる精神を叩き込む場となっている。

1年間という時間制約を強く意識させる

川井教員（連携教員）招へい准教授

川井淳史氏は産業用生産設備をつくっている会社の代表をしている。経済学部出身である。祖父が創業した町工場を父親が株式会社にし、それを引き継いだ。引き継ぐ前は別の会社で営業をしていた。父親の会社を継いでから、金属加工や組み立てを学んだ。それから、営業で顧客と話す上で必要な知識を少しずつ勉強した。BE研究には3年前にBE専攻の大村教授に呼ばれた。「形のある物をビジネスにしたい」ということだった。BE研究では大村教授と工学系の民間教員との3人でものづくりチームを担当した。

工学しか知らない学生に、ものづくりを「1年間だけで実際にビジネスにするのは不可能」であり、せいぜい学生に教えられるのは「ビジネステイストの入ったエンジニアリングぐらい」と語る川井氏は、BE研究の流れと学生へのかかわりについて次のように語る。

「ものを作るということに関しては、工程に設計があり、製品を選んでということを含めると、本当に1年では全然足りません。そういう意味では、1年間で絶対にものを作って、ターゲットをどこかに絞って、そこにアプローチするぐらいまでいこうという、時間的な制約を学生には意識させます。そこはお金ではなく、時間で縛っています。

コストや利益の考え方はもちろん全部言います。本来であれば、こういうふうにして原価があり、販売価格がありますよと。ただ単に直接費だけではなくて、間接費もありますよということはもちろん話しますが、それは理想というか、それこそ机上の空論であって、そこまですべてを理解させるのはなかなか難しいですし、そこに合わせてものづくりをしていくのも、やはり1年では厳しいです」

米谷の『ここがポイント!』

■AL評価指標1【環境】

時間管理を意識させ、与えられた時間の中でできるだけ質の高いアウトプットを生み出す難しさと大切さを学ばせる。もちろん、時間ばかりを気にしても仕方がない。

米谷　「最初のテーマ決めとか、研究計画を立てるあたりで、学生が先生にこういうものを作りたいとか、こういうふうにやりたいという話をするときに、先ほどのコストの話でやり合ったりすることはありますか」

川井　「あります。私の場合は、第1回目に宿題のような形でこんな物を作ったら売れるのではないかという案を出してもらって、その中から現実的に作れる可能性のあるものを次の授業のときに挙げていくのですが、そのときに自分たちの範疇を超えるものがたくさん出てきますし、それをやることで、何をどこでもうけようとしているのかも含めて精査します」

米谷　「いきなり最初からそういうことを学生に意識づけるというか、方向づけをするのですね」

川井　「ゼロからまず発想させることと、発想した後に、それが現実的に1年間でできるものなのかどうなのかは、初回の講義でいきなりやってしまいます」

（2）プロジェクトの立ち上げから運営まで——専任教員チームのインタビューを中心に

ＯＪＥはプロダクトよりプロセスを重視します。したがって、評価においてはアウトプットよりアウトカムを重視します。しかしながら、アクティブラーニングの評価指標1に掲げたように、プロジェクトはできるだけ現場に近い状況が望ましいです。そういう意味では、プロジェクトそのものが学生の教育のためだけのものでなく、「本物」の方が良いと言えます。実際に外部から請け負った「ガチ（本気）」のプロジェクトの中で、教員と学生が緊張感を持って作業を進め、それなりの成果物を仕上げ、依頼先に持って行って評価を受ける。こうした「ガチ」の状況こそがＯＪＥの一つの「売り」と言えるでしょう。質の高いＰＢＬには質の高いフィールドの確保と維持が不可欠です。

このような成果について、倉敷哲生准教授と森裕章准教授の二人のＢＥ専攻専任教員が担当してきた「阿南プロジェクト」の事例を紹介します。倉敷准教授はＢＥ専攻創設時からＢＥ研究の開発に深くかかわってきました。専門は信頼性工学・複合材料工学です。森准教授は溶接工学が専門でＢＥ専攻設立から6年目に大阪大学大学院工学研究科内の他専攻からＢＥ専攻に移ってきました。この年度から始まった阿南プロジェクト（この概要はこの節の後に）に関係する地域活性化の演習課題を二人は指導してきました。以下にまとめるインタビューを通して、ＯＪＥプロジェクトがどのように立ち上げられ運営されてきたかを見ることができます。

阿南プロジェクトでのＢＥ研究

米谷　ＢＥ研究で徳島県阿南市を対象とするテーマを、どんな形で担当することになったのでしょう?

森　「一緒にやりませんか」と、倉敷先生にお声をかけていただきました。その後、倉敷先生について1年間、どういう講義なのか勉強しました。それ以降は、倉敷先生と私と持ち回りで、主担当と副担当を交互に担当する形で、６年間継続してきています。

米谷　倉敷先生は、森先生に加わっていただく前から阿南市のテーマを担当されていたのですか?

倉敷　いえ、当初は単独で専門分野に近いものづくり系の課題を出してきました。阿南テーマは6年目からです。当時の工学研究科長と阿南市の市長の間で、同地域の活性化を狙う包括連携協定が結ばれ、ＢＥ専攻が実質の受け皿となったことがきっかけです。

米谷　こういうテーマをやることに対して、教員の間で不安な要素はなかったのでしょうか。

倉敷　初めての取り組みでしたので、まったく不安が無かったわけではありません。特に、阿南市から受託研究費を頂いて実施することからも、成果をどの程度求められるのかといった点については慎重に議論しました。一般的な「研究」とは異なり、検討プロセスを通じた学生の教育の場であるという、講義の主旨を事前に阿南市側に説明し、その了解を得るところからスタートしました。阿南市側からは、市政がどうあるべきかについて、若い学生の観点から自由に提案をして欲しいというリクエストを頂いています。趣旨を十分に理解頂いたおかげで、自由に議論する場を学生に提供することができています。実施にあたり研究資金の提供のみならず、現地調査時のサポート等、非常に積極的なご協力を頂いています。毎年、学生の演習成果を提言書としてまとめ、さらに阿南市の報告会でのプレゼンを行うことが学生たちへのタスクとなっています。

米谷　実在する自治体を対象としている点では、他のテーマとはかなり異なりますね。

倉敷　そうですね。学生は市長をはじめ市役所の担当者を前にプレゼンし、さまざまなコメントをもらいます。学生たちにとって、とてもよい経験となっています。

米谷の『ここがポイント！』

■AL評価指標1【環境】
阿南市からの受託研究なので、まさしく「ガチ」のフィールド研究となっている。

■AL評価指標4【運営】
学生にも教員にも調査旅費が支給されており、過度な負担とならず、しかもそれなりに責任感を感じさせるようになっている。「自腹」でやるのは容易だが、その分文字通り「物見遊山」となりやすい。

米谷　本当にすごいアクションリサーチですよね。

倉敷　平成25年度からは、シンポジウムを阿南市と関西地区が連携してやっており、学生はそこでポスター発表をして評価を受けるということもしています。

プロセス重視の中でもクオリティある結果は出せる

米谷　理想的な社学連携ですね。これまでどんなテーマを扱いましたか。

森　阿南市の地域資源を生かしたものづくりというような大テーマを与え、そこにサブテーマを加えています。たとえば、「阿南市の歴史・文化に着目してブランド戦略を立てて下さい」、といったサブテーマを設定したとします。それ以上は（教員は）とにかく黙って見守る。それ以上のコントロールは基本的にはしないというスタンスでやってきました。

米谷　プロセス重視の教育ですね。行き当たりばったりだと失敗で終わる可能性もあります。何とかそれなりのクオリティのアウトプットが出せるだろうという見通しはあったのですか？

森　最終的には、市長をはじめ市役所の皆さんの前でプレゼンをします。どのように考えて、市に対してなにを提案するのか、まちの活性化に寄与する見通しまでを説明するのです。見通しが完全に伝わることで彼らの「思い」は伝わるものと思っていました。年によって提案は違いますが、市のために何かものづくりで貢献できないか、あるいは新しい産業を生み出せないかというようなことを一所懸命に考えた結果を熱心に伝えますので、正直、「手ぶら」にはならないだろうなという見通しはありました。

米谷　プロセス重視の教育においても、実際に行政や企業にプレゼンするようなガチの目標や制約が有効なのかもしれませんね。対象が明確である分、ディスカッションのポイントも明確になるし、提案も具体的になりやすい。

倉敷　やっぱりこのテーマだけがクライアントありきのテーマで、しかも予算がつきますから、成果を出さなくてはという気持ちが教員の中にあったのは事実です。しかし、さまざまなテーマを何年間か進める中で、市長もうなずくような成果が出てきております。たとえば、学生がした提案が次の年度に阿南市で、実際に政策の中で受け入れられて、「ふるさと会」という関西と阿南市をつなげる場の形成につながっています。

米谷　すごいですね。

倉敷　そこの部分のマネジメントがちょっとほかのテーマと違って、教員の手腕を問われていたということもあると思います。

米谷　プロセス重視とは言え、受託研究でもあるので、困ったときは最後に教員が介入して何とかしようといった考えはあったのですか？

倉敷　実質は学生がポジティブに動いていましたから、教員が関与する場面は少なかったです。私は、学生の持っているいいところを伸ばすという方針で指導してきました。褒めて、これはおもしろいねと。それをプラスにするためにこういう資料があるよ、こういう情報があるよという介入の仕方であったと思います。

米谷　工学研究科の一般的なゼミだと、全員が同じ専門領域なので、なかなか幅広い見方ができない。「ＢＥ研究」のように、異分野・異業種の学生をあえて交ぜるのは、すごくリスクは高いけれども、そうすれば創造性すなわち知的生産性が高くなる。しかも、プロセス重視と言って学生に余計なプレッシャーを与えずに済んだ。かえってそういう場づくりができたせいで、クオリティの高いアイデアが生み出せたのではないかと思います。

森　まさにその通りです。肝は学生が主体的になること。自分が市長になったつもりで市の活性化を考えるというぐらいに、自分がのめり込みなさいと言ったのがまず良かったと思います。学生たちが一所懸命に考え、少しでも阿南市にとって良かれと思うことを自由に発想し、その成果を提案できる環境を作り出せたのが良かったと思っています。われわれ教員はサポートに徹し、自由に意見できる雰囲気づくりをしたことも良かったと思っています。

米谷の『ここがポイント！』

■ＡＬ評価指標３【指導】

教員がマネジメントとファシリテーションの役割に徹して学生を主役とするよう心がけている。

米谷　プロセス重視に徹したから逆に素晴らしい内容が生み出されたということですね。よいアイデアを生むにもプロセス重視の方がアウトプット重視よりもよい。ＯＪＥ法というプロセスを通じて、どうやったらグループでよいアイデアが出せるかを学生が体験的に学んだ。そして、専門の異なる学生どうしがコミュニケーションするため、わかりやすい言葉で相手に伝えて、ちゃんと理解した上で次に進んで、わからないことは自分で調べるという習慣を身につける。また、そういうふうにいろんな専門性や見方・考え方の異なる人と交わることが知的生産によい効果があることを学び、そうしたグループワークへのモチベーションを高める。これらすべてが創発性、つまり、みんなでよいアイデアを出すための条件であり、期せずして、そのことがこういうところで検証されているのかもしれない。そのように思います。

（3）ＢＥもっとも長く指導に携わる招へい教員の授業実践

インプット評価の締めくくりとして、現職の企業人である教員を取り上げます。民間企業などからの招へい教員の方々がＢＥ研究の指導に参画されていて、その役割は大変重要であることに何度も本書では触れています。ここでは、これまで一番長く（２０１５年で９年目）指導している松塚充弘招へい教授からの声を、本人の原稿と米谷教授によるインタビュー記録を用いて紹介します。

米谷の『ここがポイント！』

ここで照会されている松塚教授の授業実践のコメントには、**ＡＬ評価指標**の**１**から**３**までが押さえられており、理想的なＰＢＬすなわちＯＪＥの模範となっていますので、これからＰＢＬの授業づくりに取り組もうとしている方には必読です。

まちづくり系の演習課題の指向性

現職企業人のまちづくりを通した教育

松塚教員（連携教員）招へい教授

松塚充弘氏は、大阪大学で建築工学を専攻した後、関西電力に入社し現在は、お客様本部地域開発グループ課長。入社以来、建築環境計画学を専門としてきた。これは建築計画と建物のエネルギーマネジメントと建築設備の実務にまたがる分野で、電力の自由化への対応要員として採用されたが、キャリア形成のルートがまだ確立されておらず、結局は建築部門と営業部門との2つの部門で、あまり連続性に配慮されずにキャリアを重ねた。建築技術者の見習い、設計事務所出向、営業、海外駐在を経て、発電所建築技術者、また営業へと配属され、その後大阪のさまざまな大規模プロジェクトへの営業にかかわった。これらのキャリアと並行し、ある機会に、「都市大阪創生研究会」[50]という大阪市と大阪大学の鳴海教授[51]が発足させたまちづくりの社外委員会に所属し十数年活動した。

（注50）大規模開発一辺倒では、将来の大阪は良くならないという問題意識から、大阪の活性化を目指す。
（注51）鳴海邦碩教授（現大阪大学名誉教授）、ＢＥ専攻の計画・設立時の教授のひとり。

ここで、さまざまな知識やノウハウ、特に既存の市街地を生かしたまちづくりに関して、を得た。この鳴海教授からの誘いがきっかけでBE専攻でのまちづくりを通した教育への参画が始まる。

米谷　長く続けておられますが、どんな課題を出されてきたのですか。

松塚　私は会社で都市のエネルギーシステムに関する仕事をしていますが、それと並行して、会社が参加する社外委員会で、大阪のまちづくりの活動をしていました。このまちづくりの委員会は、鳴海先生が主催されており、それがきっかけでBE専攻をお手伝いすることになりました。ですので学生に与える課題は、エネルギーシステム分野ではなく、まちづくり分野です。まちづくりにもいろいろあるのですが、新しい施設の建設に関するものではなく、大阪という既存の都市をどう使いこなすのか、その特徴をどう再認識して、行政や企業や住民など、都市にかかわる人にどう伝えていくのかといった、都市に関するソフト面を、一貫して、課題として選定しています。

米谷　ということは、会社のお仕事でやってこられたものを、学生にいろいろ指導をされるというか、ノウハウを提供していくというかではないのですか？

松塚　会社でしている仕事を指導することとは少し違います。もちろん都市の一部としてエネルギーシステムは大切ですし、そういったシステムの導入された背景やマネジメントについても、学生の理解を促進するため、話すこともあります。しかし私の問題意識は、都市は成長の時代が終わり、成熟の時代に入ったのではないか、空き家も多く、新たに建設するより、既存のものをどう使うかということにあり、その方が重要だと考えています。このような思いから導かれている課題を指導しています。

課題を言い換えれば、既存のまちをどう再評価するのか、再認識するのかという問題です。具体的な例を挙げると、私自身は長屋のある路地のまちなど、界隈性があり、人に近いまちが好きなのですが、一方でそういうまちは、防災面で十分でないとか、商業的に効率が悪いなどというマイナス面が指摘され、再開発すべきと考えられています。都市とは本来的に、必然的に、さまざまなものが共存して隣り合うところですので、効率の悪い路地と長屋のまちも、都市全体から見ると存在意義があると考えています。大きな新しいビルと界隈性のあるまちが隣り合ってこそ、お互いに機能を補完し合ってこそ、全体として魅力的な都市になると考えています。

こういったことを学生と共有化していって、そしてさらに、社会に認識させるにはどうしたら良いか、という議論やアクションを重ねるということをやっています。

米谷　概念的枠組みとか、視点とか、ものの考え方とかいうけれど、そういうふうなものを学生に、自分で気づかせたり、つくり上げさせたりしようということですか?

松塚　そのとおりです。建築とか都市計画の大学教育は、機能的な都市をいかにつくるかにウエイトを置いた教育をしています。今まではそれで良かったと思いますが、もう都市は概ね整備され、つくるというニーズはほぼ満足されました。そしてその過程で、界隈性のあるまちが随分となくなりましたが、大阪にはまだ、それが残っています。

私は、大阪全体としては、効率や安全と、生きるフィールドとしての界隈性が、結構うまい具合にバランスをとっているのではないかと考えています。効率良く仕事も出来るし、商業施設は充実しているし、長屋を改装して個性的なお店を出す人もいます。今の大阪には、効率と界隈性の両方がありますし、そこで働き過ごすことは、私には大変、魅力的な体験です。ところが、そういうことを若い人に伝える価値観の人は意外に少数派です。そこで、それを学生と共に見つけることこそが教育だと思い、学生と現地に行き、さまざまな人とコミュニケーションをしてきました。そして議論を重ね、するべき最も良いことが判れば、今度はこれを他の人に説明することに取り組んでもらっています。

自分で現場を見て、問題点や解決方法を見抜き、それを他の人と共有化するということですが、これは彼らが将来進んでゆく、さまざまなテクノロジー分野でも有効ではないか、と私は考えているのです。だから僕の出す課題は、既存のまちをフィールドにした、少し難解で、一般論が確立されていないような課題です。街や建物を使ったり、どこかを修正したり、新たな認識をしたりすることによって、都市全体にプラスの効果を生むことを狙っています。

まちづくり系演習の効果

米谷　都市工学を専攻する以外のマテリアルとかを専攻とする院生もいる班でのまちづくり系のテーマでの演習はどういうふうに進むのですか？

松塚　4月の班分けは、教官がプレゼンテーションをし、学生の希望を尊重して行います。私のテーマにはまちづくりに興味のある学生が集まりますが、ものづくりが専門の学生の希望も多く、まちづくり系とものづくり系が、半々ぐらいになるような感じに選ばせてもらっています。

米谷　その混ぜ方のメリット、これはBE専攻の特色で、方針でもありますが、そのあたりはどんなふうにお考えですか。

松塚　まちづくりをやっている人は、知識は豊富ですが、他の人に伝えるアクションをした経験が少ない傾向にあります。まちはみんなで使うものだし、みんなが生きるフィールドなので、それを良くするには、そこにいる人を何らかの形で説得しないとだめですよね。演習で学生が議論をする時、まちづくり系の人はまず、ものづくり系の人を説得できないと、その議論は世間で通じない議論と判断することになります。そこから、違うポジションの人間と議論を深めていく意味を、学生が経験できればと考えています。

米谷　ある意味で、都市工学の専門の学生にとってもすごくいい機会になるわけですね。それは、リアルな実社会の中でのまちづくりの仕事をするときにも生かされるという。

松塚　そうです。新規開発では、こういったアプローチは少ないのですが既存のまちを生かすまちづくりでは、そうはいきません。今のまちをどう生かすかとか、お金がないけどどうするかとか、誰もがわかる説明が必要です。そういった人間力というか、説得力も含めて、学生のスキルを上げようと考えています。

米谷　そうですね、専門教育には欠けがちな大事な教育の場なので、それは思います。やっぱり、それはそれなりに成果が出てきたということですね。

松塚　何に配慮して問題解決のアイデアを出すかとか、そのアイデアが伝え方によってどのように他の関係者に広がっていくかとか、自分たちのいるフィールド全体を常にイメージする必要があります。学生が、そういったことをイメージしたり、自分で確かめてみたりする行動が出来るようになったら、この教育の目的は達せられていると思います。ものづくり系の学生も、基本的には同じです。この演習の結果、専門以外の人に意図を伝えるスキルが向上し、より良いものづくりが出来るのではないかと、思っています。

米谷　ただ工学教育ですから、まちづくり一つにしてもかなり専門的な基本的な内容をきっちり身につける必要があると思うんですね。ずっと卒業生インタビューもしていますが、わからないところは自分で調べるというすごい学習意欲も盛んで、理解力もあるのですが、そのあたりの都市工学について、あるいは建築のことをよく知らない学生に対する援助とか、そのあたりはどのように？

松塚　まず、大体こういうことをやるんだと、概要を話しておきます。次に、今はインターネットなどの情報ソースが豊富なので、自分で調べ、考えをまとめることをやってもらいます。そして現場に行き、実態はどうか体感してもらいます。またその場で、そのまちのポイントとか、他の世界のまちの典型的パターンだとか、それを取り巻く評価だとか、周辺知識を補強し、認識の裾野を広げてゆきます。そして、また課題を設定して、調べて考えをまとめ、現場を確かめ、周辺知識を付与する、この繰り返しです。その繰り返しで、生きた知識を習得してもらうようにしています。

米谷　まず、その動機づけというか、きっちりまず見せて、そこから必要に応じて自分でちゃんと勉強させるという方向づけですね。

松塚　そうですね。動機づけさえできればみんな優秀なので、自主的に学びのサイクルは回り始めます。やはり、動機づけのところが一番難しいですね。

米谷　教育の効果ですけど、都市工学を専門にする学生さんにもそれなりに、すごくいい基礎教育になっているということがありますね。あと、他分野の学生さんもほかでは学べないような内容だと思うのですが、都市工学の専門の学生のほうが食いつきがいい分、結果もよくて、それともそうでない学生、それは……。

松塚　まちづくりではどうしてもフィールドに出て、その場にいる人たちとコミュニケーションする必要があります。最初はやはり抵抗があるようですが、いろんなことを聞たり、教えてもらったりしているうちに、人とかかわることの楽しさに、多かれ少なかれ、学生は気づいているのではと思います。まちづくり分野でも、ものづくり分野でも、私は、人とかかわる楽しさを知っている人の方が、将来、自分の専門を生かすフィールドを上手に構築できるのでは、と考えています。私は特に「大阪の活性化」ができればと考えていますが、この、人とかかわる楽しさを知り、活躍するフィールドを広げられる人こそが、自分の仕事や生活を通して、都市やまちをより良くしたり、産業を活性化したりしてくれるのではないかと、考えています。

学生を指導してゆくポイント

米谷　演習の途中での学生への関与はどのように……。

松塚　かなり私は介入する方ではないでしょうか。

米谷　介入されて、そのときはどういうことを心がけていらっしゃるんですか。

松塚　何も介入せずに議論をお願いすると、みんなが合意できる公約数的な、一般的で、こぢんまりしたところに落ちつきます。ただ、それでは社会の問題は解けないと思います。私が学生に強く言うのは、チームとは合意できる範囲で仕事をする集団ではない、お互いにその違いと能力を認め合って、自分ができないことについては他のメンバーを信じて託し、メンバーの知見の最大の仕事をする集団である、ということです。自分の分担には責任を持ち、議論して他人を信じて託し、一人ではできない成果を出す、それがチームワークだ、ということです。これは理屈でわかっていても、実際にそうするのは結構、骨が折れます。学生にこの動機づけをするのに、一番苦労します。

米谷　なるほどね。でもすごくそれは大事な内容ですよね。教育の内容としてはすばらしいなあ。それはやっぱりある程度、1年間の取り組みの中で、学生はそういうのは身につけていきますか。

松塚　やはり最初は、ためらいがあってなかなか進まず、どうしてもみんなの意見に合わせがちになり、こぢんまりとまとまります。それを「それってそこらじゅうにあるよ、それじゃつまんない」と、物言いをつける感じで、崩していきます。やらざるを得ない状況をい作るのですが、あまりにも困難だと思われて逃げモードになると元も子もありません。動機を維持するにはやはり、フィールドワークに行くことでしょうか。現場を歩いたり見たりすることで、取り組むきっかけを発見する可能性もありますし、そういったロールモデルに私自身がなる場合もあります。

米谷　なるほど。とにかく話を聞いたり読んだりしただけでは、自分からそういうものを取り込もうという気にはならないですからね。

松塚　見せないと、動機づけしないとだめですね。

企業所属の教員の目線から

米谷　ちょっと話が変わりますけど、教員としての立場よりも、むしろ企業の管理職としての立場から聞きたいと思います。ＢＥ専攻では融合型の人材を育成しようとしていて、ビジネスもできるように本当だったらＭＯＴの３年目まで進まないといけないんでしょうが、2年目まででも、ある程度方向づけはしたとしましょう。2年まで工学修士でもBE専攻ではこのBE研究に加えていろいろな経済系の勉強をするのですが、そうやって出てきた大学院生と、いわゆるガチガチの専攻で研究ばっかりやってきた修士を採用してきたというのと、今はどうですか、現場では。

松塚　今、企業、社会では、定型的な仕事はもうやり尽くされていて、困難な仕事しか残っていない感じがします。そんな困難な仕事でも、やはり取り組まざるを得ません。その場合、アプローチ方法のアイデアを考え、一緒に取り組むパートナーを見つけ、ステークホルダーと信頼関係をつくって、大きなベクトルを流していくということが必要なんです。研究だけやっていても、このようなことは身につかないと思います。

米谷　やっぱりそうですか。

松塚　パートナーとかステークホルダーは、自分の回りの方々ですが、結局は自分のアイデアを認めて頂き、それにしたがって一緒に事を進めてゆくのです。ステークホルダーとチームをつくり、解決に向って共に歩むという感じでしょうか。

米谷　そういう意味では、先生が担当されているBE研究での演習経験というのはやっぱり現場に出たときにも生かされるということですか。

松塚　そうですね。私は社会人なので、与えられた人間や、協力会社を使って、仕事を進めなければいけない立場です。でも、仕事はいつでも結構、難しく、協力関係にある人々はいつもちょっと足りない感じです。それで、私は自分のアイデアを説明したり、他の人の分担がはかどるようにヒントを出したり、やってもらってチェックして、できたら感謝の意を伝え、できなかったら自分で埋め合わせたり、ということをやっています。このように仕事を完成させるには、やはりそのプロセスを重視し、それを積み重ねていくしかないのだと思います。学生を指導する際にも、プロセス毎に、学生が自立的にチェック＆レビューをしているかを、注視しています。基本的には学生の自主性を尊重しますが、チェック＆レビューが上手くできていない時には、その旨を説明して、手本を見せることなども行います。そういった演習での経験で、上手くいくときのプロセスと、失敗するときのプロセスの違いを、学生は学んでいると思います。社会や現場に出た時、仮に失敗のプロセス途上にいるとすれば、それを判断し修正する経験や知恵を持っているということです。演習経験は必ず、役に立つのではないでしょうか。

3 学生授業評価アンケート――学生の反応と学びを量的に評価する

学生インタビューに加えて、学生授業評価アンケートは、教育評価の枠組みではカークパトリックの4段階モデルの第一段階である「反応」に含まれます(図5・1参照)。インタビューに比べてアンケートはより客観的な評価と言えます。学生授業評価アンケートの結果からBE研究が受講生に高く評価されていることが裏付けられます。以下に結果を見てみることにします。

BE専攻では発足当初から毎年専攻に所属するすべての学生を対象に授業評価アンケートを実施してきました。質問項目は、出席率、復習といった受講者自身に関する2項目、教員熱意、授業の体系性といったインプットに関する6項目、内容理解、満足度といったアウトカムに関する5項目、さらに、この授業で身についた能力に関する9項目、計22項目です。授業評価アンケートでは、工学研究科の専門講義、経済学研究科が提供するMOT講義、BE研究(「OJE」)の3つのグループについて、グループ全体について5段階尺度で学生が評定します。平成18年度から平成26年度までの毎年の結果(平均値)を図5・2と図5・3に示します。

(1)学生授業評価アンケートに見るOJEの質

学生の授業への出席、授業後の復習などにかける時間、授業目的の理解度、授業への興味、講義の分量やノルマの多さについての学生評価を図5・2にまとめます。これらは教育の質についての学生の評価(反応)であり、インプットに対する学生全体の評価と言えます。

図5・2からわかるように、出席率は平成25年度を除き、平均が5（「毎回出席」）に近い値となっています。「授業興味」と「教員熱意」は平成20年度以降は平均が4・5付近です。一方、「授業目的」（の理解）は平成20年度以降は4の上下を行ったり来たり、「復習」は平成19年度に3・5以下だったものが平成25年度に4を超え、その後減少して平成26年は3・5を下回りました。これらの項目は5が最もよく1が最も悪いので、授業に対する興味、教員の熱意は十分高く評価されており、授業の目的についての理解もかなり良いことがわかります。一方、復習時間は平成24年度をピークに上昇から下降に切り替わりましたが、BE研究がかなりな授業外の活動を要求するものであることを考えるなら、これまで学生たちが、がむしゃらに頑張っていたものから、時間をより効率的に使うよう、授業外活動の能率をアップさせたことも関係しているでしょう。

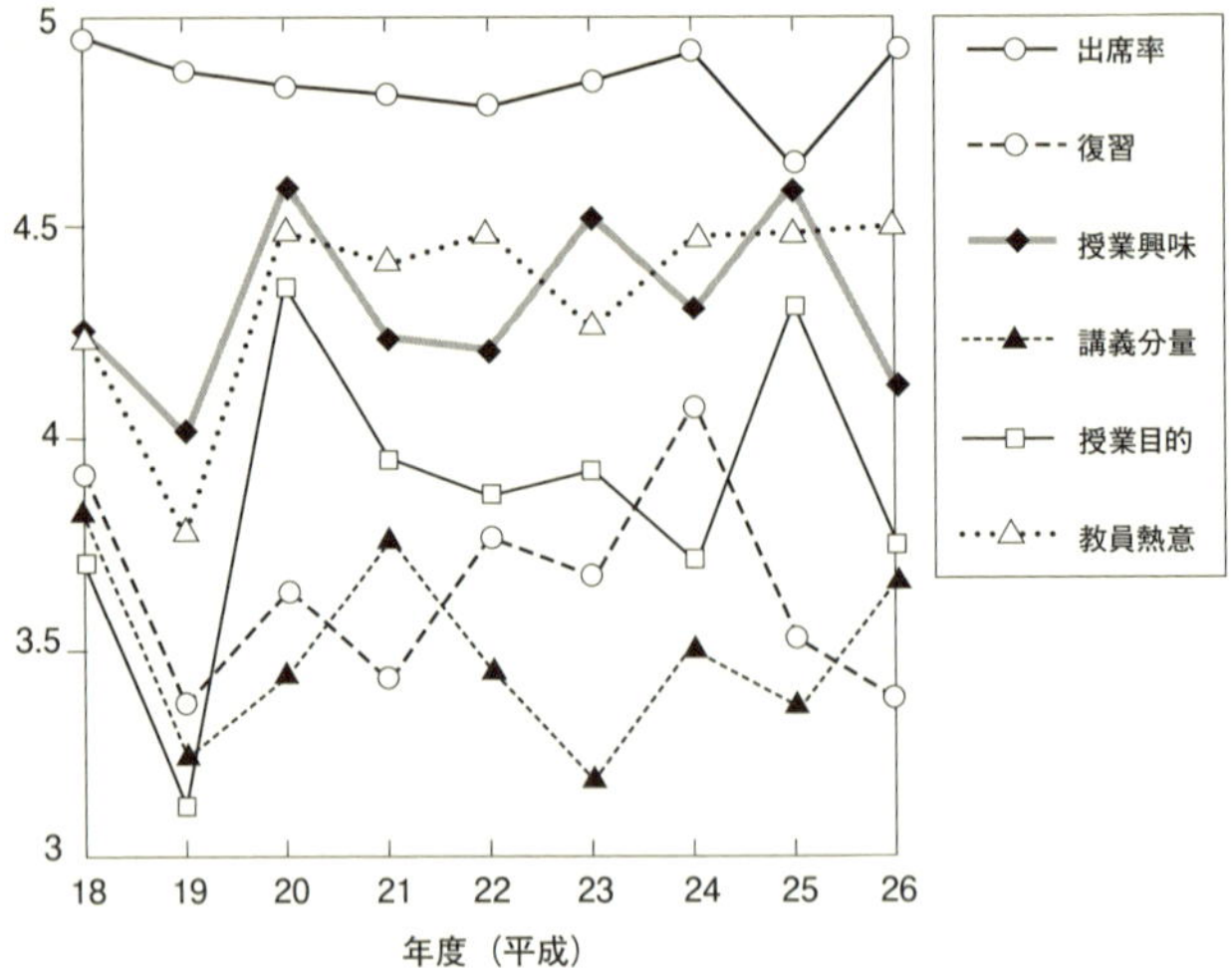

図5.2　BE研究（OJE）の学生授業評価結果

なお、「講義分量」は1が「少なすぎ」、

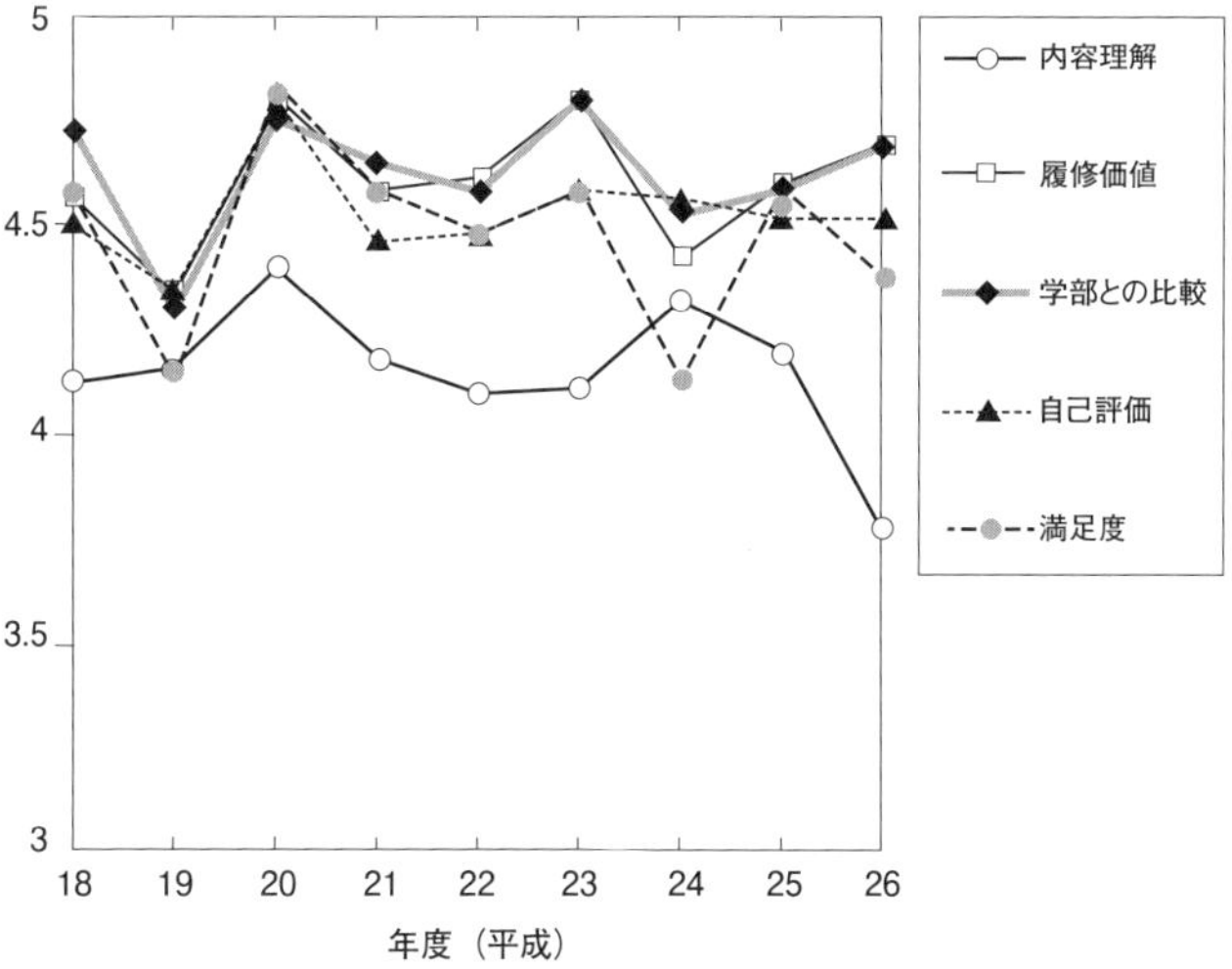

図 5.3　BE研究（OJE）の学生授業評価結果

5が「多すぎ」で、3が「ちょうどよい」ですので、平均3・5前後であることから、BE研究の負荷（ノルマ）は学生にとって「ちょっと多い」ものと受け止められていることが伺えます。

(2) OJEの満足度・履修価値

BE研究の履修価値やその満足度などは、カークパトリックの4段階モデルの第1段階「反応」にあたります。これらに対して学生がつけた「点数」の平均を図5・3にまとめます。

図5・3から、学生の満足度に関する評価が一律にきわめて高い（平均4・5付近）ことがわかります。BE研究に対する学生の反応は非常に良好であり、ほとんどの学生がおおいに満足し、履修価値があり、学部の授業より優れていると評価していることがうかがえます。なお、「内容理解」の平均は、平成25年度まで4・0と4・5の間を上下していたのが、平成26年度に4・0を下回りま

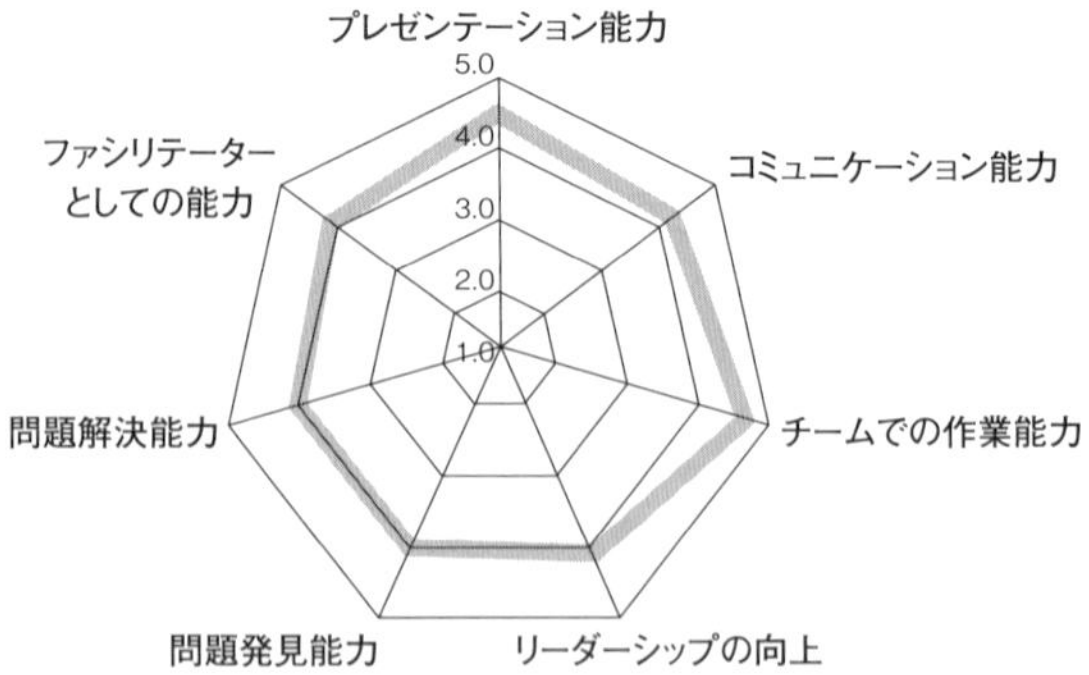

図 5.4　BE研究（OJE）の学生授業評価結果

した。ＢＥ研究は学生主導なので、学生たちが、これまでより全体的にやや難しいテーマを選び、より高度な目標を設定したからかもしれません。

（3）学生自身によるアウトプット評価

ＢＥ研究によってどんな能力が身についたか。ある意味ではこれは成績評価そのものと言えます。ＢＥ専攻が毎年実施している学生授業評価アンケートでは、汎用技能、それも特にビジネスエンジニアリングに関連する能力（コンピテンシー）が、この授業を通してどの程度身についたか、強化されたかを、学生に自己評価してもらっています。プレゼンテーション能力、コミュニケーション能力、チームでの作業能力、リーダーシップの向上、問題発見能力、問題解決能力、ファシリテーターとしての能力の7つについて学生に5段階評定してもらいます。図5・4は平成26年度の平均をレーダーチャートにしたものです。評価対象の7項目はすべて平均4・0以上です。プレゼンテーション能力とチームでの作業能力はとくに高い値を示しています。問題発見能力、問題解決能力、プレゼンテーション能力、コミュニケーション能力、チームでの作業能力、リーダーシップは「学士力」を構成する汎用技能と言われています。また、これらは「社会人基礎力」の重要な要素です。ＢＥ専攻の学生は、ＢＥ研究を通して、こうした汎用技能を高い水準で身につけていることがわかります。

❹学生インタビューからＢＥ研究のアウトプットを評価する

ここまで説明したＢＥ専攻で教育を受けている学生や卒業生はどんな様子なのか知りたくなることと思います。ここではそれを紹介するために、米谷教授が実際に行ったインタビューの取材記事というかたちで紹介したいと思います。前半はこれまで複数年にわたって行った十人を超える学生のインタビューの中から二人の結果を抜粋したものです。後半は実名入りの別の二人の卒業生に対して最近行ったもので、それぞれの現在の活躍状況を含めてＢＥ専攻やＭＯＴコースで学んだことの関連を含めて話を聞いたインタビュー記事としています。これらを通じて、ＢＥ専攻の学生や卒業生の様子を伺い知ることができると思います。

（1）在学生インタビュー

BEに「来てみてよかった」とはっきり言える

O君（大阪大学工学部卒）M2

BE専攻を選んだ理由

学部時代のコース分けの際に、成績が良くなかったため、第2希望に回されて行きたいところにいけないという、初めての「挫折」を味わいました。学部3年生での専門の講義では、希望のコースでなかったということもあり、単位をとるために勉強したという感じです。周囲の同級生は3年生時から就職活動をしていましたし、自分も就職して社会勉強をしたいと思いました。

いわゆる文系就職を考え、商社等を回っていたときに、経営も勉強したくなってきたときに、大学の同窓会誌にBE専攻が紹介されているのを読み、これは面白いなと思いました。工学だけでなく経営のことも学べるし、しかも、座学だけでなくOJEがあるので面白い。BE専攻に行きたい気持ちが強まりました。

実は4年生での研究室選択の際にも、第1希望に入ることはできていませんでした。希望しない研究室でしたが、研究内容は面白いと感じていても、実験・研究の進め方が先生からの押しつけで自分の提案を聞いてもらえず、それがものすごく不満で、少なくとも、自分が試してみたいことが試せなかったのがすごく嫌だったんです。4年生の7月頃に受験前に友人からB

E専攻の先輩を紹介してもらい話を聞きました。アルバイトはできるか、どんな面白い学生がいるか、授業でどれをとったらよいか、どんな授業が面白いかなどです。研究内容、コアタイム[52]などについても聞きました。そして、4年生の8月にBE専攻を受験して合格しました。BE専攻では、希望した研究室に入ることができました。

OJEで学んだこと

BE専攻に来て2年になりますが、「来てみてよかった」とはっきり言えます。この選択は間違いなく正しいと思う。大満足です。

1年次の「BE研究」では、都市計画系の教員の指導のもとで、「地域資源を生かしたまちづくり」をテーマとして行いました。「BE研究」はめちゃくちゃ面白かった。阿南市とタイアップしたテーマで、子どもたちの体験学習を提案することになり、調査・見学などを行いました。まず阿南市の調査をし、統計を取ったり、訪問調査したり、町を歩いてみたりした。先駆的取り組みをしている飯山市や小学校を訪問調査した。普段やる研究とはまったく異なり、素人であったが面白かった。発表準備に時間を割かれることは多かったが、苦しいとは感じなかった。5人のグループだったがチームワークがよかったです。自分がリーダーシップをとって進めましたが、それなりの成果が得られ、テーマが次の年に継続されました。自分はけっこうリーダーシップがとれる方だと思います。中学では野球部のキャプテン、高校では軽音楽部の部長をし

（注52）コアタイムとは、研究室（ゼミ）が定めた学生が居室にいなければいけない曜日と時間帯。ある研究室は土曜日の夜までコアタイムがある。

ていました。大阪大学ではボクシング部に入っており、大会で優勝したこともあります。

1年次に経営の授業をとりました。実際出て面白かったし、ためになりました。勉強して知識が身に付いただけでなく、留学生も含めて経済学研究科の学生とディスカッションできていろいろな考え方が身に付きました。現場をよく知る先生のいろいろな事例をあげてのコメントも的を射ており興味深かったです。工学研究科で受けた「知財」の授業も面白かったですね。所属研究室は、コアタイム等はありませんでしたが、非常に厳しかったです。しかし、それが私にはあっていました。ゼミや勉強会の回数が多く大変でしたが、僕の場合は苦労させてもらえるところの方がやりやすかったです。2年次は修論研究に専念しました。卒論研究と違い、自分が提案したことが通る。「やりたいことはみんなやってみなさい」と先生が言ってくれるので、とてもやりやすかった。チーム（先輩後輩含めて6人、Dが1人、M2が2人、M1が2人、学部1人）で行う研究でしたが、まとまりはとてもよく、かなり成果があがりました。そうなった理由は、M2で研究計画書を出した時に先生から「君ならここまでできるよ」と激励されたことが大きいと感じています。目標を自分で立てたこと、先生に激励されてモチベーションが高まったこと、そして、自分でやりたいようにやってみることができたことが成功の原因だと思います。

プロセスとして適材適所で活動し、経験できたことがよかった

Ｋ君（大阪大学工学部卒）Ｍ２

ＢＥ専攻を選んだ理由

工学部生がＢＥ専攻の存在についてアナウンスされる機会は何回かあり、２年か3年生のころには存在を知っていました。３年の終わりぐらいに大学院進学を考えるようになったときに、（会社で働くなら）工学だけでなく経営のことも勉強しなければいけないのかなと思うようになりました。４年に所属した研究室はとてもよく、その研究を続けたままでＢＥに行ければいいなと思っていました。大学４年の春ごろに、ＢＥ専攻の４人の先生の研究室に話を聞きに行き、授業カリキュラムや各研究室の研究内容を聞いた時、４年生の研究室での研究指導を受けながらＢＥ専攻に進学する特別措置があることを聞き、進学を決意しました。

ＯＪＥで学んだこと

ＢＥ専攻に進学して同期生と会ったとき、学部時代の仲間とは違っているな、変わっているなと思いました。ＢＥ専攻の学生の方が華やかでおしゃれな感じがしました。それだけではなく、勉強に対する考え方とか自分の進路に対する考え方がしっかりしている印象を受けました。自立的、主体的であり、そういう意味では学部でいっしょに勉強した仲間とは違っていた。ＢＥ専攻の雰囲気自体にはすぐになじめました。

ＢＥ研究のＡ班では、関西電力から来られた先生の指導で、中之島のまちづくりに関するテーマを担当しました。大阪中之島の再開発について学生の立場から提案しようというテーマ。ま

ず中之島を歩いてみるところから始まり、調査を経て、最終的にはソフト的な方法を提案することになりました。現状の中之島はさびしい。それをどう解決するかを考え、「にぎわい」を取り戻すための方策を提案することにしました。ハード（箱モノ）をどうするかばかりではだめで、ソフト面の方策を考えるべきであるとして、具体的なアクション（ポスターを作製し中之島の一角で展示し、また通りすがりの人にインタビューを行う等）まで行いました。タウン情報誌も既に存在していたものの、インタビュー結果からも、それが必ずしも伝わっていないことがわかりました。B班では、「やきものを使ったエコ材料の開発」というまったく切り口の違うテーマを扱いました。A班の発表を聞き、報告書を読んで「ここはおかしい、ここはこうした方がいいのではないか」と検討し、コメントを決め、最終的にA班に意見書を出しました。

ＢＥ研究はかなりハードでした。しかし、あえて自分の専門以外のテーマや分野に挑戦するのがＢＥ研究の趣旨であり、そうしたことにチャレンジしたことにより知識や見方が広がったと感じています。成果としては、出来上がったものより、プロセスとしてメンバーが適材適所で活動し、いろいろ経験できたことがよかったと思っています。もともとそうしたことがやりたくてＢＥ専攻に入ったので、満足しています。

（2）卒業生のインタビュー

ここでは、２名のＢＥ専攻卒業生（１期生、３期生）のインタビューを紹介します。インタビューはすべて２０１５年７月に米谷教授によりSkypeを使って行われたものです。

「なぜを5回」本質を見抜くことが大事ということを学んだ

深田 洋輔 氏（三期生、YOYO Holdings Pte. Ltd, COE）

深田氏は2008年にビジネスエンジニアリング専攻を卒業、阪大経済学研究科MOTコースに進学し、MBAを取得。2009年に㈱ディー・エヌ・エーに入社後、3年で退職し、2012年10月にYOYO Holdingsを起業。現在、フィリピン、マニラで東南アジアの新興国を対象としたMobile事業を展開中して貧困層にMobileインターネットを無料で提供しています。

「フィリピンでは冷蔵庫やエアコンが無くても一人一台スマホを持っている。しかしプレイペイド携帯が95％で、接続料金が高いためほとんど日頃オフライン状態である。これをなんとかしようと、広告を見せることにより接続料金をプレゼントするビジネスを開始しました。ユーザーが広告を見れば見るほど接続料金が安くなるようなアプリを開発して仕掛けをつくり、企業から広告収入を得ています」

このビジネスモデルのアイディアはフィリピンに来てから具体化したそうです。日本で考えたものは机上の空論で、現地の人々と接触し彼らの生活に触れて初めて成功したアイディアが出たそうです。

「起業のきっかけはなんだったのでしょうか」

「まわりの学生と比較して研究職には向いていないと思っていました。自分の人生をかけてやる仕事とは思えなかった」

大阪大学にVBL（NPO、ベンチャービジネスラボラトリー）[53]というのがあり、そこに来ていたNEDOフェローをきっかけとしてベンチャービジネスや社会起業家に強い興味をもつようになったそうです。BE専攻とMOTコース在学中にいろいろ本を読み、そこでBOP（Base of the Pyramid）[54]を知る。BOPビジネスについてMOT時代に学び、「めちゃくちゃ驚きましたね」と語ります。

「学生時代に社会起業家などについても学びましたが、彼らのやっていることは事業収益性が非常に低く、これではまったくナンセンスと感じていた。ビジネスをするならば、世の中を変えていく、大きな問題を解決することに挑戦しなければ価値がないと考えるようになりました。でも、社会の問題を解決しようとすると、ビジネスにならないことが多く、葛藤を感じていました。そのなかでBOPは大きな問題を解決しながらちゃんと収益をあげることが肝になっている難易度の高いビジネスです。BOPをやろうという気持ちは就職活動をしたり、いろいろな先輩とかかわりあったりする中で徐々にできていきました」

「BE専攻に入るきっかけと苦労したことを教えてください」

「学部時代は、応用生物工学科でBiochemistry（分子細胞生物学）を専攻していました。BE専攻が育成を目指す人材像に感銘を受け、そこに進学しようと決めましたが、やりたい研究の領域がなかったんです。『学際融合的な専攻なのに自分の研究領域がないのはおかしいでしょ』と言いに行ったときに話を聞いてくれたのが、当時専攻長であり、後の指導教員となった佐藤武彦教授でした。進学時にBE専攻長と生命先端工学専攻の専攻長とが話し合い、BE専攻の授業を受けるときには佐藤研究室の院生として受け、研究は生命先端工学専攻でやることになりました。二つの研究室をかけもったのでハードでした。MOTコースに進学することに悩みもありましたが、ビジネスを学ぶために進学を決意しました。MOTでの学びが今の仕事に役に立っている部分は当然あります。引き出しの量がかなり増えたことは大いに役立っていますね」

「BE研究で指導教員から学んだことで印象に残ることを教えてください」

「学生は深く考える習慣がないので学生同士では議論が発散するものだが、佐藤先生は『なぜを5回』が口癖で、なぜ今これをやるのか、解決したい問題はどこにあるか、本当にこれが問題か、なぜ問題が起きているのかと、BE研究でも本質をとらえようとする態度を要求されました」

「グループで進めるうえで苦労したことはありますか」

「グループで一つのテーマで研究する場合、人によって優先順位もスケジュールも違うので、それを調整してまとめあげていくのは大変でしたが、その経験はすごく大きかった」

「社会に出てからBE専攻で良かったと思うことを教えてください」

「BE専攻の学習成果について明確に言えることがひとつあります。プレゼンテーション能力

（注53）文科省が大学発ベンチャービジネスを促進させようとして、各大学に設置した組織。２００６〜２００７年頃ＮＥＤＯフェローが研究員として大阪大学に来ていた。

（注54）社会の底辺（貧困層）。アフリカ、東南アジア、南米を合わせた50億人（cf. 先進国は10億人）の市場は６００兆円といわれる。日本のアパレル産業は世界一といわれるが市場規模10兆円。それと比べてはるかに大きい。

が劇的にあがったこと。いろいろな授業でとにかくプレゼンしまくっていました。みんながちゃんと勉強しているので、しっかりやらなければならない。専門分野の違う人にもわかるように説明しないといけない。スライドの作り込みもめちゃくちゃやりました。ベンチャー企業として日本でも知られるようになってきましたが、外部から一番褒められるのは自分のプレゼン。日本語だったら他の同業者に負けない自信があります」

「これからの夢はなんでしょう?」

「これからの夢が二つあります。事業を最も大きな新興国で使われるサービスにしていきたい。ネクストビリオン(10億人)が使うビジネスにしたい。個人としては野茂投手のような存在になりたい。大リーグに挑戦して、奪三振王、新人賞をとるという結果を出した。その後、イチロー、松井、松坂が続いた。

僕らは東南アジアで、日本以外の国で戦っていますけれども、成功した日本人っていないんです。アジアで勝てている、世界で勝てている日本人ってビジネス界でいますかっていったらいないんです。当然トヨタなどの企業はありますけれど、そうじゃなくて、最初の一歩からアジアを中心として、アジアをマーケットとしてとらえたビジネスで勝った日本人っているのかって聞いたら、多分みんな名前をあげられないと思うんですね。なので、私自身がやらないといけないことといえば結果を出すことです。『YoYo』っていう会社があるんだけど日本人の会社らしいよ、深田って日本人が登場してアジアでナンバーワンになったらしいよ。でも、売り上げは日本からはまったくないらしい。お客さんはまったくなくて、ユーザーも日本じゃまったくなくて、日本人にはまったく理解できないプロダクトなんだけれど、アジア中の人が使っている。アフリカの人たちが使っている。当たり前のように使っている』と言われるようになりたい。そして、『深田っていう英語の下手な日本人がやれるんだったら、おれのほうがいけるんじゃねーの』と思わせるような存在になりたいと思います」

BE専攻の教育プログラムが現場とシームレスに

笹尾和宏氏（一期生、大林組、グランフロント大阪タウン・マネジメント・オーガナイゼーション）

笹尾氏はBE専攻では鳴海邦碩教授の下で都市計画を学びました。2007年にMOT卒業後大林組に就職し、2015年からグランフロント大阪[55]のタウン・マネジメント・オーガナイゼーション[56]という組織に配属されています。学生時代に専門としていた「まちづくり」プロジェクトに今も結果的には関係しています。

「ものができてから、どういうふうにまちづくりをやっていくかが研究テーマでしたが、今は

（注55）ビルのオーナーが12社。グランフロント大阪ができあがってからのビル全体の使い方について商業、オフィス、ホテルなどの部門ごとに役割分担をして業務委託している。

（注56）グランフロント大阪は施設規模が大きく複雑・輻輳しているので、通常ビルオーナーとしてはこうした仕事は生まれない、ビルの維持・管理ではなく、町全体のブランディング（ブランドづくり）、にぎわいづくり、イメージ形成に携わっている。「グランフロント大阪がいい施設だよね」と言ってもらえるような仕事をしなさいと言われている。個々のビルのメンテでもなければ、お店やオフィスを相手にした仕事でもない。

それと関係ある仕事をしています。幸いＭＯＴというカリキュラムを学べましたが、専門は都市計画。指導教員からは、専門分野（都市計画）の話をよく聞かせていただいて、まちづくりという問題上、どうやったら街がよくなるか、都市が魅力的になるかなどの視点を、研究室で指導されました。ＢＥという視点では、こうなればよいという「べき論」を、どうステークホルダーが実現していくのか、誰に対してするのかというところまでを考えて研究しなさいという指導を受けたことを覚えています。こういうところは都市計画ではあまり出てこなかった問題だったので、自分では新しいというか難しい視点でしたが、実際に仕事に就いてみると、それが本当に大事だとわかりました」

「ＯＪＥで学んだことはどんなことでしょうか」

ＢＥ研究はまちづくりチームで、松村暢彦准教授（現愛媛大学工学部教授）の指導の下で大阪大学キャンパスの自転車問題を扱っていました。ＢＥ研究でやったことがどのように仕事につながったかについては、次のように回答しています。

「直接的には実感がないが、ＢＥ研究がどうあるべきか、どうなったらいいかだけではなくて、事業としてのサスティナビリティを考えるという指導を受けていました。しかし会社に入ってみると、そうした事業として成り立つかという視点を考えない人がたくさんいる中で、自分は事業が回るためにどうしたらいいかを考える素地になったのではないかと思います。コスト計算や事業としての実現可能性の検討などをＢＥ研究の中で未熟ながらもやりました。こうしたことはＢＥ研究だけでなく修論研究を行った鳴海研でそうした指導を受けていたので、会社に入ってからすんなりなじむことができました」

「MOT進学後は、どんなことを学んだのでしょうか」

「これまでやってきたことをマーケティングにどう役立てていくかという視点・着眼点を学べた。MOTに進んだ学生とは異なるだろうが、都市計画の中でマーケティングをどう使うかということを教わりました」

「就職活動でどんなことを感じていたのでしょうか」

「大林組では開発部門は200人程度の「小さな」規模ですので、学生に対して成績を見たりポイントをつけて採用したり人事を行ったりしているわけではなく、200人という規模の中で仕事をしなさいということであり、あまり学生個々のことにこだわりません。建築の出身でない人もいます。僕の場合は建築もできて経営もできる人として採用されていますが、だからといって何かするというわけではありません。多様な人材を採用して、それぞれを見守っていくという人材育成方針です。学生時代から就職活動も含めて社会にかかわる機会が多かったが、就職活動でとくに緊張したことはありませんでした。その辺りはBE専攻とMOTの教育の成果と言えますね」

「就職後にどんなことを感じていますか」

「現場に入ってすっとなじめました。BE専攻の教育プログラムが現場とシームレスにつながるものだったことが大きいと感じています。工学研究科の他の学生と比べて違う。彼らは研究至上主義であり、真理を追究していくことにより社会に役立つものができると信じていました。

ＢＥ専攻では真理を突き止めた上で、それを一般にどのように役立てるか、社会にどのように還元するかということを考えなさいと言われていたので、その辺がシームレスということにつながっていると考えています。

「従来の工学系出身者が、現場ではなかなか使いにくいという話がよくあるのでは？」

「そうした癖をなんとかしないといけないというのがＢＥ専攻のカリキュラムであったと感じています。そういった教育さえも大学院で受けなければいけないんだなと思いました。常に社会から離れないように、民間の企業ということが軸足から離れないようにという意識がありました。よく言われる「シーズ主義」と「ニーズ主義」の問題ですが、ＢＥではシーズも抑えるが、ニーズをしっかり抑えなさいよ、と。答えが出なくとも、「べき論」だけではだめだよ、という指導を受けました」

「ＢＥ専攻に期待することをひと言お願いします」

「ＢＥ専攻の方向性には間違いがなかったと考えています。しかし、実際のところ、ＭＯＴ、ＭＢＡの必要性は大林組にはありません。グローバルということが会社の中では言われていますが、やっぱりエンジニアということが先に立ち、ＭＢＡはほとんど考慮されません。肩書きとしてのＭＢＡを評価することはありません。しかし、ＭＢＡは資格でなく、パフォーマンスを発揮してなんぼのものです。また、よく言われるＴ型人材は必要でしょうね。つなぐことやアレンジすることは、直接のパフォーマンスにならず評価はされにくいが、Ｔの横棒の部分は大事だと実感しています」

5 おわりに——ＯＪＥの開発と外部評価を考える[57]

（1）インタビューを通じて見たＢＥ学生とは（米谷より）

インタビューに応じてくれた学生はみな、ＯＪＥ教育を含むＢＥ専攻の2年間の教育プログラムをこなし、優れた学習成果を上げていることが確認できました。対象にした多くが、ＢＥ専攻がディプロマポリシーに掲げている、工学もできてビジネスもＭＯＴも知った人材として成長していけると感じました。

ＯＪＥ教育を受けるには、かなりの覚悟が要ると述べましたが、実際にインタビューしたどの学生も明確な意志と情報をもってＢＥ専攻を選んで入学していました。ほとんどの学生は、特徴ある2～3年間の教育プログラムでの教育研究を経て、そうした「二刀流」の人材として社会で活躍することを志し、ＯＪＥ教育を目玉とするＢＥ教育の目標と内容を進学前によく理解していました。しかし少数でしたが、4年生の卒業研究で配属された研究室や研究テーマやその進め方に不満があり、大学院ではそれらを継続したくなかったので、という消極的理由でＢＥに来た学生もいました。一方で、自分のやりたいテーマを研究させてもらえる教員がいるので、経営学の単位は取らず工学だけ学び修士論文研究に没頭したいという研究志向の学生もいました。

（注57）本節は、２０１４年に広島大学で開催された工学教育協会工学教育研究講演会にて米谷が報告したものを基に一部改変したものである。

さらには、BE専攻の学生には、大阪大学の経営学系大学院MOTコースを修了後に進学した者も少数おり、インタビューしました。ひとりは、大阪大学経済学部に入学後にも飛び級制度（優秀者は4年生をスキップできる）で大学院に進学しMBAを取得しBE専攻で工学修士を取得する者で、学部受験の際には工学部か経済学部かで迷ったといいます。一般の文系学生にとっては「離れ業」で異才とも言えるかもしれない、これらの少数派の学生たちも大きな不満もなくBE専攻で学ぶことができています。

これらのインタビューから、BE専攻に入学してくる学生は、OJE教育にうまくフィットし、想定された、あるいは想定以上のパフォーマンスを学習と研究の両面で発揮しているように思います。彼らは次のようにイメージできました。

工学と経営学、理系と文系の両方を学びたいから、あるいは、そうした「二刀流」の能力と志向をもつ学生が、その特徴をさらに磨こうと進学しているといえ、またとりわけ異才というほどでない学生でも、少なくとも、これからの時代にものづくりに携わるためには、ビジネスのわかるエンジニアでなければならない、という思いと認識をもっており、その一方しかできない「普通の学生」とは一味も二味も違った「特色ある学生」になろう、そうして熾烈な競争社会を勝ち抜こう、と考え進学してきている、と強く感じました。そして、そうした逸材が能力をフルに活かし、自らの特色を強め、他との差別化を図れる特徴ある場をBE専攻、OJE教育がうまく提供していると思います。

大阪大学の学生はもちろん、多くの学生が厳しい受験競争をくぐり、勝ち抜いてきており、さらに周囲の人々を出し抜く優れた特色がなければ、よい就職もよい仕事もできないと考える者は多いはずです。他の学生が挑戦しそうにないこと、普通のプログラムの学生にはできないことに敢えてチャレンジして、技と力を習得・強化し、経験と実績を積み重ねようとしています。このような意識の高い者が、大阪大学と他大学から半々ぐらいでＢＥ専攻に入学し、混ざり合います。そして中には「生き馬の目を抜く」ような、競争社会を生き抜くぞ！というバイタリティーやハングリー精神が、表に出て見える者もいて、多くの学生は刺激（場合によっては脅威にすら感じるような）を受け合って意識を共有するようです。そのような高い意識があってこそ、修士論文研究も普通の専攻と同じようにしながら、それに加えてハードなＯＪＥ教育を受けることの意義と必要性を感じ効果も上がっていると思われます。

研究志向の強い大学では、研究も学習も領域を狭く絞り込んでいきます。科学がますます細分化する以上、そうした方略が効率的で短期的な生産性が、より上がるからです。大学では予算も人も限られ削減される一方で、評価と仕分けがより厳しくなる状況では、学際的研究も文理融合教育も、その重要性が叫ばれている割に、なかなか進展しません。しかし、こうした状況は、リスクが高い課題に挑戦して、他との差別化を図る絶好の機会であることも事実です。ＢＥ専攻はそのひとつへの挑戦をしており、成功してきていると思います。優秀な学生が学内外から集まって、時間の取られるＯＪＥ教育をこなして技術も経営もわかる人材となって優れ企業に就職できているのです。意識の高い学生が集まっていることが「うまくやれている」要因と指摘しました。そのような学生が自ら集まるようにするのがこの継続には重要です。

（2）外部評価の関与と介入

筆者の米谷は外部評価者として専攻設立から二年目の２００６年、学生の授業評価アンケートの分析評価に加え、教員・ＯＢへのインタビューに携わりました。アンケート結果のフィードバックを中心としたファカルティ・ディベロップメント（ＦＤ）の講師となって参加し、ＢＥ研究の指導者が一同に介するＢＥ担当教員連絡会にも参加して、そのつどＢＥ専攻の教員といろいろな問題について話し合ってきました。それらはＦＤでもあり同時にＯＪＥ法のディベロップメントや検証の場にもなっていました。２０１４年度までの累積としては、表５・１の通りです。

講演型のＦＤに加えて、外部評価者として学生授業評価アンケートや学生へのインタビューの結果を分析検討した結果も含めてＢＥ専攻の専任教員の前で解説するとともに、その理由・原因や対策・改善の方法等について議論しました。学生の成長・発達を捉えてＯＪＥの教育効果を検証するための根拠にしようと、学習ポートフォリオを導入したのも、これらの議論がきっかけでした。また、学生インタビューの結果が教育効果の検証にとって強力な根拠となっ

FD	講演	2
	フィードバック	8
インタビュー	教員	17
	TA	8
	院生・OB	24
	M1	3
	M2	14
	M3	4
	OB	3

表5.1 BE専攻FDとインタビュー（2006～2014年）

ていることは言うまでもありません。

振り返ると、ＯＪＥ法を適用したＢＥ研究で学生に与えている課題と同様に、ＯＪＥ法そのもの開発も、それを支えるＢＥ専攻の教員集団と個々の教員の成長・発達も、すべてスタートから見本や前例がない「答えのない」問題だったのです。その対応策や解決策は、複数の専門の異なる者同志が協力して問題解決にあたる議論や作業の中で得られるものでした。ＢＥ専攻は米谷による外部評価を、専門家によるコンサルテーションの機会ととらえて、これを積極的に活用し教育の中身の見直しと改善を続けて成果をあげてきました。この、外部評価者の関与・介入は、ＢＥ専攻でのＯＪＥ法の開発に寄与できたのは言うまでもありませんが、図５・５に示すような枠組みで捉えれば、先の章で一般論として述べたＰＢＬの諸問題を解決する近道ともなり得る事例となるとも思います。

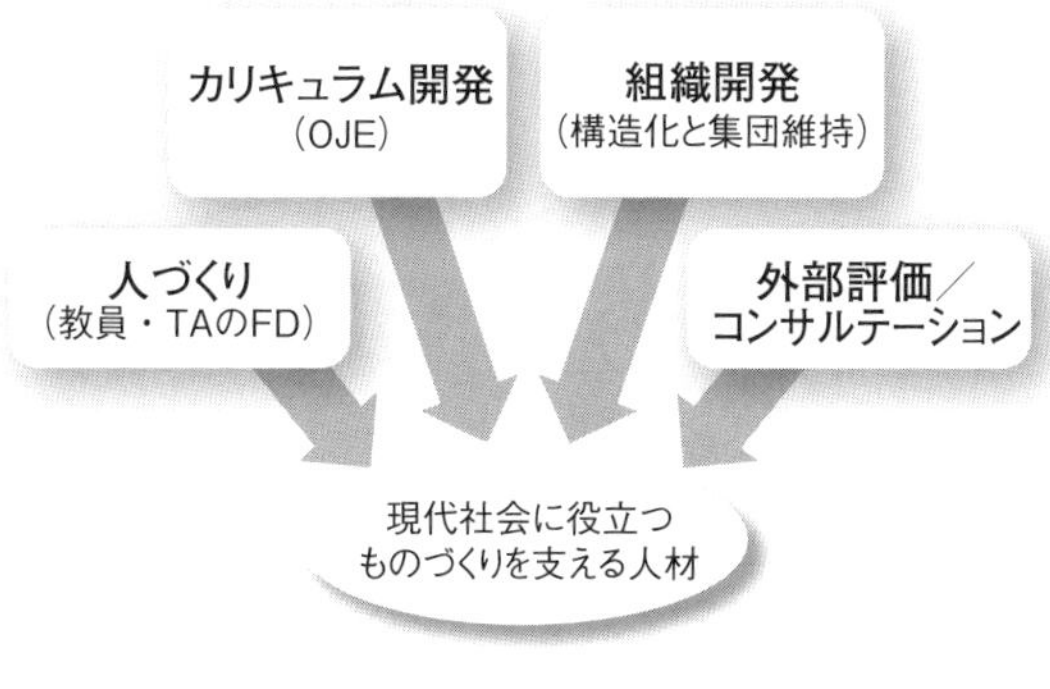

図5.5 OJEを支える4つのシステム

ＢＥ研究はＯＪＥ法の一つの具体であり、それはＢＥ専攻ならでは、大阪大学ならではの教育プログラムとなった言えるでしょう。しかし、同時に、ＰＢＬ、*Problem-Based Learning* を始めとする多くのいわゆるアクティブラーニングの手法に共通する普遍的な要素を数多く持っています。おそらく形だけを真似しても、すぐにうまくいくことはないでしょう。しかし、この本に書かれている事例やメッセージを真摯に受け止め、ＢＥ研究にかかわる教員と学生が示したと同様の熱さと覚悟を持つことにより、さまざまな教育シーンにＯＪＥ法が応用・展開できると考えます。

もっとも、この10年でＯＪＥ法は進化し、変貌を遂げています。データと実践経験にもとづく絶えざる振り返りとイノベーションこそが、ＯＪＥ法の原動力であると考えます。まちがいなく、ＯＪＥ法はこれからも進化し、さらなる課題が見つかるでしょうが、ＢＥ専攻の先生方はこれまで通り一丸となってそれに果敢にチャレンジし、さらなる変化を遂げていくことでしょう。

第６章

ＯＪＥ法指導の実際
――指導のポイントを教えます

工学教育協会などで発表したあとによく聞かれることの一つに、「どうやったら学生が自ら考えるようになるのですか?」という質問があります。この質問に対して、BE研究を指導したことのある教員の多くは、「言いたいことを我慢して、学生が主体でディスカッションさせることです」と答えるでしょう。すると質問してきた方は困惑顔で、「大阪大学の学生だから黙っていてもちゃんとするんですね」ということを言われます。ここで、はっきりと言います。阪大の学生だから考えるのではありません。「これをやることに意義がある」と感じさえすれば、誰でも考えるようになります。その内発的動機を与えるための最大の鍵は、魅力的なテーマ設定と、学生の内発的動機を維持する工夫です。だからこそ、テーマは時間と労力をかけて設定するようにしています。内発的動機を与える・維持する指導方法については、ポイント❷やポイント❸を参照してください。

☆ポイント❶「現場」を体験させる工夫を入れる

ＯＪＥ法では、受講する学生が自ら考え行動を起こすことが求められます。アクティブに学ぼうという覚悟ができているとしても、それなりに実践出来るようになるまでは、概ね半年ほどの時間がかかっている印象があります。とくにＢＥ研究の1学期の前半で、最初の「壁」に行き当たる段階での学生のモチベーションを把握することが必要です。モチベーションが低い段階で、大きな障害に直面した場合には、やる気をなくし、こぢんまりとまとめることに注力し始めることがあります。そういった事態を避けるためにも、常に学生のモチベーションをモニタリングし、それを上げる配慮を行わねばなりません。

学生のモチベーションを上げる工夫として、「現場」を体験させることは非常に有効です。たとえばまちづくり系のテーマであれば、授業の時間を割いて、現地に足を運び、空間体験を共有化するのです。意識して「まち」を見たことがない学生にとって、フィールドワークは新たな発見が多くて、なかなか楽しい体験のようです。その上、さまざまなビルの特徴や成り立ちなど、外観からはわからないエピソードを説明して、さまざまな要素が混在している都市自体の持つ奥深さを体験してもらいます。学生にすれば、すでにインターネットなどから情報を得てある程度のイメージは持っていたとしても、実際に歩くとイメージと違ったり、新たな発見があったりと、アクティブな喜びが見出せるのです。ものづくり系のテーマであれば、企業見学や開発者ヒアリングが有効かもしれません。とある商品の開発に関する裏話や失敗体験の生の声を聞くことは、最終成果物である「もの」を見ているだけでは絶対に分からない知見を得ることができ、非常に刺激的です。こうするとチームで楽しい体験を共有化できるので、演習自体の印象も改善しますし、メンバー間の心理的な距離も縮まってきます。また、自分の印象や驚きを自然と話すようになってくることで、お互いをより理解でき、その後の議論が活発になるというメリットもあります。テーマ設定の際に、これらが必然的に含まれる形にすることが好ましいように思います。逆に、現場に触れることができないようなテーマ設定は、なるべく避けた方が良いかもしれません。

☆ポイント❷「チームづくり」で気をつけること

4～5人で進めていくBE研究では、チームの組立が最も重要な要素となります。そのために教員は少しだけさじ加減をします。さまざまなタイプの学生がいるので、チームとしてのバランスを取っていきます。たとえば、自己主張の強い学生には、「コミュニケーションというのは、自分の意見を相手に理解させるだけでは無く、相手の意見もよく聞いて理解することである」というようなアドバイスをします。また、議論のキャッチボールを成立させるために、「相手が言ったことを簡単にまとめて反復してから、自分の意見を述べるようにしよう」という指導をする場合もあります。自己主張の強い学生の多くは、自分の考えどおりにチームの取り組みが進むことを、自分がリーダーシップを発揮したと勘違いしています。このような勘違いは、早めに正していくことが肝心です。逆に、自分の意見をまったく述べない内気な学生もいます。そのようなケースでは、直接その学生に意見を述べるように促すのではなく、進行役に「全員の意見を聞いてみましたか？」という感じで、学生が相手の意見を引き出していくようにさり気なく助言していきます。全員の同意を前提に議論を進ませることで、相手の意見を引き出すように進行役にアドバイスします。

このようにチーム内で議論する上でのポイントを最初の1か月ぐらいで理解させることで、チームの全員が風通しよく意見を言える土壌を作ります。チームのメンバーを互いにあだ名で呼び合うようになれば、大分風通しのよいチームができたと判断してもよいかもしれません。教員はあくまでも意見の出しやすい雰囲気作りのためにアドバイスをするだけで、無理に意見を引き出すわけではありません。学生一人ひとりが意見を出さなくてはいけないということを気づかせるのです。

☆ポイント❸「言葉」の定義と共有化を意識する

チーム内で、同じ言葉を使っているにもかかわらず、人によって少し意味がずれていたり、似たような言葉にすり替えて議論が進んでしまっていたりすることがあります。そのまま議論を進めていくと、お互いが言っている内容が微妙にかみ合っていないことが多々あります。たとえば、「コミュニケーション」という言葉を使っていても、メンバーによって「会話」と解釈していたり、「意識した接触」と解釈していたりというケースです。また、「科学」のことを議論していたのが、いつの間にかに「科学技術」に変わっていたこともあります。マナー、モラル、ルール、道徳なども議論中に混在しやすい言葉です。

このように言葉のすれ違いで議論が堂々巡りになり、貴重な時間が費やされてしまうこともしばしば発生します。初めのうちはその間違いに気づかなくても、そのうちに掛け違いが生じている原因がお互いの言葉の意味が異なることであることを認識するときが来ます。これは毎年起こることなので、学生が自分たちで気づくまで指摘せずに我慢しています。一度自分たちで気づいたときに、「チームの中で言葉をきちっと定義して議論することはとても重要です」とアドバイスを出し、その後は『言葉の共有』ができているかを確認するように指導します。また、収集した資料などの情報の共有についてもその重要性を理解させます。このようにチーム内での共有がきっちりできると議論がスムーズになるだけでなく、連帯感も生まれチームワークの向上につながります。

☆ポイント❹ タイムマネジメントの指導方法

通常のプロジェクトは、目的と期限と予算が決められていて、その範囲内で最高のパフォーマンスが出せるように進められます。ＢＥ研究では、多くの場合、目的は学生達自身で決めます。また予算はないと考えてよいでしょう。したがって、あらかじめ決められているのは期限だけです。ＢＥ研究は10か月もの長い時間を費やして行っています。ほとんどの学生はこんなに長い時間を計画を立てて費やそうとした経験はありません。つまり、長期間のタイムマネジメントを行ったことがないのです。そこで、ＢＥ研究の初回では、スケジュールを立ててタイムマネジメントをしっかりとすることを教えます。ＢＥ研究では一学期の６回か７回目の講義の時間を中間発表に充てますので、最初の期限はこの中間発表ということになります。初回の授業では、ここから遡ってどれだけ時間を使えるのかを考えさせます。中間発表の前の週には何が終わっていなければならないのか、そうするためにはその前の週までに何を決めておかなくてはならないのか、という感じにスケジュールを立ててみます。すると、実際議論に使える時間がどれぐらいなのかがわかります。それを目安に、今日は何をするのかを考え、大雑把に今日のスケジュールを組みます。

このようにして、長期・中期・短期のタイムマネジメントを常に意識させます。理想的にはガントチャート（プロジェクト管理のために作業工程を視覚的に表現する表）を組めれば良いのでしょうが、学生は初めて自分たちでスケジュールを管理するために、初回に立てたスケジュールどおりに進むわけもありませんので、厳密なスケジュール管理はあまり意味がありません。ある程度の曖昧さは許容して、進めていきます。次の週にもゴールを確認しつつ、長期スケジュールの修正が入り、その日にするべきことを組み立てて、期限をにらみながらＢＥ研究を進めていくことになります。もちろん、発表スライドや報告書なども期限以内に指導教員のチェックが必要となりますので、それらをいつまでに形にして指導教員に提出し、教員からのコメントをいつまでに受け取るのかなどもタイムマネジメントに含まれます。自分だけでなく、相手のスケジュールも確認しながらの細かな時間管理の必要性も指導していきます。

☆ポイント❺ どうやって問題を発見させる？

ＢＥ研究のテーマは、学生が自分たちで問題点を見出すように設定されています。たとえば、かなり具体的な「大阪大学の自転車問題を解決する」というテーマでも、学内でどのような自転車問題があるのかは提示されていませんので、どのあたりが問題なのかは自分たちで探し出さなくてはなりません。ほとんどのテーマでは、まず、課題の現状分析から取り組んでいきます。実は問題の発見自体は難しいことはありません。現状分析をすれば、大なり小なり問題点が結構見えてきます。ただ、見えてきた問題点をすべて解決できることはあり得ないと考えて良いでしょう。

たとえば、二律背反するような問題点であったり、解決に莫大な費用がかかったり、などさまざまな困難にぶつかります。したがって、実際に難しいのは、問題を見つけることではなく、その中から解決すべき問題をチョイスすることなのです。多くのチームはここで迷走を始めます。すべてを解決しようと考えたり、解決すべき問題を選びきれないでいたりするのです。理由は簡単です。問題を解決して現状をどう変えたらゴールになるのかが見えていないからです。設定するこのゴールによって、解決すべき問題は変わってくるのです。ある程度議論を進めて学生に七転八倒して貰ってから、「ゴールを先に決めてみたらどうか」とアドバイスをします。そうすると靄が晴れたように議論が進むようになります。専門書を勉強していて、あるところで躓いて先に進めなくなっている学生に、「一旦そこは置いておいて先に進んでごらん」というアドバイスと同じかもしれません。

☆ポイント❻　見守るためには

指導教員は、学生に比べ人生経験も長く、傍で見守る立場から岡目八目という言葉どおり、客観的に議論を見通せます。したがって、具体的で的確なアドバイスをできる立場でもあります。しかし、そこで具体的なアドバイスをしてしまうと、学生から「気づき」の機会を奪ってしまっていることになります。ＢＥ研究は結果で学生の評価しているわけではないので、成果につながるかもしれないが学生の成長を阻害するような解決策を提示するようなアドバイスは不要です。

慣れないうちは、つい口を出してしまいがちです。出したテーマに対して、指導教員側で最終的なゴールのイメージを複数個持っていると、ついポロッと口を出すということは少なくなる傾向があります。教員自身が持っている理想的なゴールのイメージが一つだけだと、ついついそちらへ誘導しがちにもなります。自分自身でも沢山のイメージを準備して、学生の議論をあたたかく見守って下さい。ただし、時間的な制約もありますので、ある程度議論が煮詰まってもそこから抜け出せないようであれば、議論の戻るポイントを示してみたり、一旦議論を置いておいて別の課題解決を考えさせるなどのコントロールは必要です。また、アドバイスをする場合でも、曖昧な言葉は使わない方が良いでしょう。たとえば、「学生らしく自由な発想で」とか「学生らしくもっと大胆に」などという表現の「学生らしく」は、そもそも〝学生らしさ〟という言葉の意味合いが一人ひとりで異なるので、学生ごとに受け取るニュアンスが異なってしまいます。

☆ポイント❼ ミーティングの種類

ミーティングや会議は多くの人のスケジュールを調整して行われます。人を拘束してまで時間を費やしているため、最大限効率よく行う必要があります。BE研究の演習の時間もまさにミーティングの時間で、学生や教員の貴重な時間をつぎ込んでいますので、無駄にはできません。BE研究が始まって数回目までは、司会担当の学生に演習の進行を任せても、各回で最初に決めたその日のスケジュールどおりにはなかなか進みません。多くの場合、司会担当者が時間を意識できていなかったり、議論をコントロールできていなかったりすることが原因です。上手くいかなかった経験をさせた後、演習の3、4回目のときに、ミーティングには3つの種類があることを教えます。一つは確認のためのミーティングです。もう一つは議論、意見を集約、収束させるためのまとめのミーティングです。最後の一つは、真にアイデア、見解を出し合う発散のミーティングです。まとめようとしている時間に発散させる意見を集ったり、アイデアを発散させるべき時間に確認しようとしたり、確認するための時間に調査を仕始めるとその場にいる参加者は混乱してしまい、時間を制御することができなくなります。司会担当者には、確認、まとめ、発散を意識しながら進行をコントロールするように指導します。もちろん、その場にいる全員がそれ以降は、今は確認する時間で、今度はまとめるための時間で、あるいは思ったことをバンバン言うべき時間であることが意識できます。参加者と司会者の意識が一致していると非常に有意義に時間を使うことができるようになります。無駄に時間を使う会議については コラム4で紹介しています。確認、まとめ、発散を意識して、有意義に時間を使えるよう指導しましょう。

☆ポイント❽ 意見を出すのが苦手な学生が集まった場合の指導法

自分の意見を出すのが苦手なメンバーが偶然集まってしまう場合もよくあります。そのような班が、ブレーンストーミングを始めた場合、まずは沈黙が続き、ほとんど意見は出てきません。面と向かって意見を言った経験が少ないために、何をどの程度まで言ってよいのか、どう主張してよいのか、加減がわからない、とも見受けられます。教員が干渉し、強いて発言をするようにと促すと、最初の人は周りを見回しながら、ごく一般的な、当たり障りのない意見を、ごく控えめに発言します。それに続く人は、それに賛同するような意見を述べます。3人目ともなれば、ただの賛同では能がないと感じるのか、何か別の発言をするのですが、それは根本的な意見ではなく、基本路線は変えず、議論が進んでいる感じを醸し出すような発言となる傾向があります。結局、議論で得られる結果は、すべてのメンバーが合意できる公約数的なもので、実質的な議論がなされず、詳細は曖昧なままとなります。議論の結果を紙媒体に落としてみれば、ごく当たり前なもので、それをもとに活動を深化させたり、問題点を抽出したりすることは難しくなります。

昨今のＩＴコミュニケーションツールの普及により、学生はどこでも誰とでも、コミュニケーションができますが、頻度が上がったからといって、その能力が上がるわけではありません。逆に、議論の場のような面と向かって行うコミュニケーションの頻度は少なくなり、不得手になってしまっているのかもしれません。そんな時、教員がつい過剰に介入してしまいたくなるかもしれませんが、我慢が必要です。そういった学生の場合、介入した教員のコメントが「正解」だと思い、自分たちの意見がますます出なくなる傾向にあります。

それを解決するには、学生自身「経験」を積むしかありません。ＢＥ研究では、学生は半ば強制的に議論の経験を積むことになります。先述したような「うまくいかない」場面が序盤は多々あるとしても、演習が進むにつれて、その班なりの上手な議論ができるようになります。焦って過剰な介入をしてしまうと、学生のモチベーションはそがれます。ここでも、我慢が大切です。学生の成長こそが、最大の成果なのですから、ポイント❷を踏まえながら焦らずじっくり指導してください。

☆ポイント❾　学生間で意見が統一できない場合の対処法

ポイント❽とは逆に、自分の意見を出すのが得意すぎる学生が集まった場合には、議論が対立・白熱してしまう場合があります。感情を持った人間が行うわけですから、衝突自体は仕方がないと割り切ることも必要です。ただし衝突をそのまま放置せず、演習とは別に個人面談を行う等の対処を行いましょう。

それとは別に、感情論とは異なる次元で、学生が議論を重ねても意思決定を行うことができない場面を目にします。ポイント❺で示した指導法をもってしても、それでも解にたどり着く道を決めることができないことがあります。班の中に「意思決定をどうやって行うか」が決まっていないがために起こる問題です。経験の浅い学生の中には、「議論をひたすら尽くし、論理的検討を積み重ねれば、一つの道にたどり着く」と勘違いしている者がいる場合もあります。実社会の多くの問題がそうであるように、ＢＥ研究で直面する課題も、論理の積み重ねだけでは意思決定は行えません。そこに、『意思』を示すことが大事だと気づかせる必要があります。

ＢＥ研究と実社会のグループワークの違いとして、グループメンバー間に上下関係がないことが挙げられます。演習の中で模擬的にリーダーは設定されるものの、学生間の意思決定権は平等です。実社会のグループワークでは、リーダーに一定の決定権（と成果に対する責任）を与えることで、その意思に基づいてエイヤと片方に絞りこみが行われます。決められた期限内に成果を出す為には必要な方策です。言うなれば「立場の差」という論理を利用できるのです。

しかしBE研究ではその回避策は有効に機能しません。

学生が論理展開を重ねに重ねた上で、それでも意思決定が行えない、と相談を受けたら、教員は適切な干渉することが求められます。『議論を重ねれば論理的に解にたどり着く問題』と、『論理を飛び越えて意思や思いで決めなければいけない問題』とがあることを学生に提示しましょう。本当に議論すべきは、『決め方を決める』ことにあると気づかせることが大事です。これらのアドバイスのタイミング、質、量のコントロールは、本当に難しく、教員の腕の見せ所となります。

☆ポイント⑩ テーマによっては「成果重視」もアリ？

演習を進めていると、学生が非常に有望な成果をあげる場合があるかもしれません。実際に試作品開発や提案事業の試行といった、成果物のクオリティを追求したくなるテーマも出てくることでしょう。そういったケースに対応するために、「トライアルコース」と呼ばれる選択肢を設置しています。

第2章❹で述べたようにBE研究の2学期の活動は、班員を交換するエクスチェンジコースで最初の1か月間を進めることを原則としています。メンバーを入れ替えたB班により、自分たちが1学期に活動したA班が評価されるのです。このようにして、他者の提案を評価する力、さらには代替案を検討する力の育成を狙うことは、ＢＥ研究が他のアクティブラーニングと一線を画する特徴であると考えています。しかし例外的な措置として設置されるトライアルコースでは、1学期メンバーから変更せず、通年で同メンバーでの活動を継続することになります。受講学生には、トライアルコースに進む為にはハードルがあることを予め説明しておきます。プロセスだけではなく、成果物のクオリティーも評価対象になることが伝えられます。また、エクスチェンジコースで養われる能力獲得の機会を放棄してでも、トライアルコースに進みたい理由を文書の形式で提出させ、教員会議で評価した上で可否を判定しています。「最終成果を得るための時間が足りない」といった単純な理由だけであれば却下し、書き直しを要求します。トライアルコースに進むことで得られる成果物の具体的な提示や、そこに到達するための研究計画も具体的に明示させます。その過程を通じて、トライアルにコース進む責任感を感じさせる効果を狙います。トライアルコースに進むと、エクスチェンジコースに費やす1か月間をすべてA班での演習活動に使えることになります。ヒアリング調査や試作試験に使える時間を大幅に確保できますので、最終成果物のクオリティーは高くなる傾向があります。一方で、エクスチェンジコースのように、自分たちの提案を客観的に評価される機会がないという弱点があります。Ｂ班からの指摘の代わりに、ＴＡや学外協力者にその立場をお願いすることも効果的かと思います。

トライアルに進みたいという希望の裏には、「他班のテーマに興味が持てない」や「気の合ったメンバーだけで活動したい」といった、ややネガティブな理由を感じる場合もあります。そういった班がトライアルに進んだ場合、成果物のクオリティーが低い傾向があります。指導教員には、そういった学生の空気感を察知する能力も求められます。例年の傾向として、8班中1～2班程度がトライアルにチャレンジしています。これ以上多いと、エクスチェンジでのメンバーシャッフル効果が薄れてしまいます。

Column 4

会議の進め方を学生に学ぶ

清野智史

「会議」は、組織において意思決定や情報共有を行うために必須の過程です。しかし、参加者全員の時間を同時に拘束し、また勤務時間の多くを占めることも多いという特徴があります。大学教員という仕事においても、大学や学会の運営の為に非常に多くの会議に参加する必要があり、残念ながらそのいくつかは（あるいは多くは）、非常に非効率的な運営がなされています。若手教員にとっては、その貴重な研究時間を割かれるだけの単なる重荷として感じてしまうこともあるでしょう。会議をいかに効率よく行うかは、参加者や組織の生産性の向上に直結する課題であると言えます。その効率化をするためのヒントは、学生から学ぶことができます。

ＢＥ研究は、学生たちのディスカッション、すなわち「会議」によって進行します。学生への干渉を必要最小限にするために、教員は議論の過程では口出しをせず、ひたすら客観的に観察するという時間が発生します。そうやって観察に徹していると、会議における上手な進め方のポイントが明確に見えてきます。以下に、具体例の一部を紹介します。

第６章のポイント❼とも共通する部分ですが、会議は大きく分けて、「①報告型」、「②ディスカッション型」、「③意思決定型」の３タイプに分類することができます。「①報告型」とは、会議参加者で共有すべき情報を共有するための会議です。効率よく行うためには、適切な資料を準備した上で、伝えるべきポイントを整理して伝えることが必要です。より理想的には、WEB等を介して資料を事前配布し、参加者全員が閲覧した上で会議に臨めば、時間を大幅に圧縮できるでしょう。「②ディスカッション型」は、アイデア出しや課題の解決方法の考案といった、「今はない何かを生み出す」ための会議です。ブレーンストーミングやKJ法といった会議ツールを有効に活用することが求められます。

それ以上に重要なのは、会議を仕切るリーダーの役割です。議論すべきポイントが曖昧だと、時間がひたすら浪費されます。リーダーは、「何をどこまで議論するか」を参加者に明示し、適切なゴールへと導く必要があります。議論の過剰な発散を防ぐには、「何分間かけるか」を予め決めた上で、タイムキーパーが適切な時間管理を行うことも有効です。『③意思決定型』とは、その会議のアウトプットを決定する場面、あるいは参加メンバー内で新たなタスクの割り当てを行う場面を指します。ここでは、『決定する方法』を明確化しておくことが重要となります。無駄な時間を少なくするためにも、予め設定しておくことが好ましいでしょう。限られた時間で行う会議の生産性を高めるためには、①と③の時間を極力短くし、②に多くの時

間を割くことが有効でしょう。リーダーは、それぞれの議題にどれくらいの時間をかけるかを会議開始時に提示しておくことが求められます。

こうやって文章にすると当たり前のように思えるかもしれません。しかし、大学や学会で運営されている会議の多くでは、これらのポイントが実践されている例は少ないですし、実社会においても恐らく同様ではないでしょうか。その原因の一つは、多くの大学教員や社会人が「会議のやり方」に関する教育を受けていないことにあるでしょう。ＢＥ研究を指導する際、会議の上手なやり方を学生にいきなり教えても、残念ながら効果はあまりありません。演習の序盤は学生に自由に「会議」させ、上手くいかないという経験を積ませます。その上で「うまくやる」ポイントを指導すると、学生はみるみるうちに吸収し、見違えたような会議運営を見せるようになります。実体験を通じて学習するからこそ、自分の力になるのです。大学教員についても同じことが言えます。

ＢＥ研究を指導する経験を積むことで、高レベルの会議マネジメント能力を身に着ける機会が身につけることができるのです。非常に有効な教員教育の場と言うこともできるでしょう。すべての大学教員がＢＥ研究の指導経験を有していれば、学内の会議の時間は半分以下に減らせるかもしれません。

付　録　──資料集

※企画のテーマが資料Aと資料Bで異なる箇所がありますが、これはBのテーマシートは企画段階を示す資料であり、Aは決定後、実際に実施したテーマを示しているためです。

資料A　これまでに設定されたBE研究のテーマ一覧

平成27年度──────────────

- バングラデシュの農作業効率化に貢献するものづくりとその普及の提案
- 大阪全体から密集市街地を考える
- ドラえもんの道具からビジネスを考える
- これからの阿南のコミュニティのあり方とその実現方策の提案
- 医療・ヘルスケア用の新たなディスポーザルを提案する
- 大阪大学内における「知の創成のため」の人材交流の活性化
- 人口減少時代における都市マネジメントと地方創生策

平成26年度

■バングラデシュの農作業効率化に貢献するものづくり提案
■都市全体から密集市街地を考える
■心と体のセンシングによって新しい顧客価値を創造する
■若者定住によるまちの活性化
■上市済医療機器の再検討——遠心不要採血管を例として
■大阪大学の通学・通勤問題を解決する
■人口減少社会におけるまちづくりビジネスの創出
■超人を創る

平成25年度

■開発途上国の生活環境の改善に貢献するものづくりを提案する
■大阪環状線を行ってみたい線区に
■30年後の世界を描きハッピー産業を創出する
■阿南市の地域資源を活かしたものづくり
■歴史・文化に根差したブランド戦略の構築
■デザイン革新による新たな医療機器の提案
■大阪大学の自転車問題を解決する

■ストック型社会のビジネスを考える

平成24年度――――――――――――――

■福祉器具開発における現状分析と今後の方向性

■「ストック型社会の都市基盤」を提案する

■万博公園を考える

■二十一世紀の予言――オイルピーク危機への備え

■阿南市の地域資源を活かしたものづくり――地域資源を付加価値化するコンセプトの提案

■甦れ、ものづくり立国日本！　あなたが一歩を踏み出そう

■「オープン・イノベーション」を活用した新規テーマ創出と新たな事業創造

■緊急時・災害時用の新しい医療機器を提案する

平成23年度――――――――――――――

■表面に出ない業界を活性化するにはどうしたら良いか？

■阿南市の地域資源と関西圏中小企業のものづくりを融合したニュービジネスの創出

■オープン・イノベーションの活用による新規テーマ創出・新規ビジネス創造

■二十一世紀の予言――安全安心社会のシナリオを作る

■時代のニーズに適応した新商品の開発

■中身のある都市
■新しい在宅医療機器を提案する
■「ストック型社会の都市基盤」を提案する

平成22年度——

■「低炭素社会」からまちづくりを考える
■地域資源を活かしたものづくり——人材と技術のマネジメント
■新しい科学教育を考える
■「オープン・イノベーション」で「技術のビジネス化」を加速する
■21世紀を予言する
■生活環境をイノベーションする
■社会参加支援機器の開発
■環境調和型材料の事業化の提案

平成21年度——

■地域資源を活かしたものづくりとPR——地域連携のマネージメント
■地域資源をテーマとした体験学習の実現化
■省エネ・低炭素化のマーケティング革新とビジネスモデル構築

■エネルギー館の活性化を考える
■中之島をより魅力的に。賑わい創生を試みる。
■最新技術を伝統工芸へ活かす
■万博とその周辺エリアの再生

平成20年度

■活力を呼ぶ産業都市づくり（主に工業の振興を目的に）
■地域資源を活かしたものづくりとPR
■地域資源を活かしたまちづくり
■陶器などやきものをベースとした先進エコ材料の開発と実用化
■中之島をより魅力的に。賑わい創生を考える。
■電力供給地域の環境に配慮したまちづくり
■マネジメント、チームワーク、ビジネス開発

平成19年度

■新しいセキュリティービジネスを考える
■繊維廃材の活用
■ベンチャー企業活動に貢献する新提案

■魅力ある都市居住を促すまちづくり

■歩いて楽しく暮らせるまちづくりプロジェクト

■高度情報化社会における「安全・安心ゾーン」実現の具体策の検討

■「つながり賑わう中之島」を実現する方策の情報発信

■電源立地地域におけるまちづくり

■ホワイトカラーの生産性向上とワークスタイル革新

平成18年度

■構造物の省エネのための緑化材に関する研究

■大阪大学の省資源マネジメント

■人口減少時代における郊外住宅団地の再生

■携帯用機器を考える

■生き生きとした商店街に向けた戦略と実践――茨木商店街をフィールドとして

■地域資源を活かした個性的・魅力的な地域づくり

■御堂筋活性化研究――人のための多機能な道へ変革していく具体的方策の検討

■大阪大学工学部（共用管理部）のスペース利用効率向上策

平成17年度

■インフラ構造物の高機能化とライフサイクルコスト
■太陽電池をどこに使うか？
■日本の伝統工芸を工学的に取り扱い現代に活かす
■省エネルギーをビジネスへ
■持続可能な次世代のまちづくり
■御堂筋再生法策の立案
■オフィス移転のコンサルティングに関する研究
■エネルギー負荷を¼にする住宅改修と生活

【学習効果】 最低限担保される学習効果と、展開次第で期待される効果

- ニーズ主導システムの考え方
- 効率的な情報収集能力
- リスク評価及び管理手法
- 国際的な多様な価値観の理解
- ヒアリング・交渉力

【協力企業／組織】 実質／仮想のクライアント、ヒアリング先、提案先、等

- ㈱フェック
- BRRI(Bangladesh Rice Research Institute)
- UBINIG(Unnayan Bikalper Nitinirdharoni Gobeshona) など
- JICA、JETRO など

【各研究テーマのセルフチェック❶】 学生に開示します、いずれかを選択してください

（A）解決すべき問題群について：	(テーマ側で設定)	or	学生側の課題
（B）問題群からどの問題を選ぶか？：	テーマ側で設定	or	(学生側の課題)
（C）出すべき成果について：	テーマ側で設定	or	(学生側の課題)
（D）提案の制約条件について：	(テーマ側で設定)	or	学生側の課題
（E）具体的な提案先について：	(テーマ側で設定)	or	学生側の課題
（F）学生の立ち位置について：	テーマ側で設定	or	(学生側の課題)

※テーマ側とは、指導教員やクライアント（提案先）を意味します。
※目安として「テーマ側で設定」の項目が多ければ、成果指向のテーマの傾向となります。
※「学生側の課題」の項目が多すぎると、成果のレベルは下がり、学生側のモチベーションの維持が困難な傾向にあります。

【各研究テーマのセルフチェック❷】 学生に開示します、いずれかを選択してください

各自の研究テーマの実施にあたり、下の項目から何を重要とするかお選びください（最大3つ）。

各項目の詳細については、添付の自己評価／他者評価分析シートをご覧ください。

（1）主体性	（2）働きかけ力	(（3）実行力)
(（4）課題発見力)	（5）デザイン力	(（6）創造性)

テーマ設定シート 第1班

【指導教員】
川井淳史、小峯茂嗣、大村悦二

【研究テーマ名】
「開発途上国の生活環境改善に貢献するものづくりを提案する」

【研究テーマの概要】
開発途上国が抱える問題、厳しい現実を知り、彼らの生活環境が少しでも改善につながるものづくりを提案する。たとえば、現地の資材を使って現地の人が作製し、自らの生活環境を改善できるものづくりを目指す。試作したものを現地の人たちに実際に使ってもらって、改良・改善を加える、あるいは新たなものづくりへと発展させる、といった仕組みも考える。このようなプロセスを通して、グローバルな視点でものを見、考えることができる力、創意工夫する力、創造する力を養うとともに、単なる経済援助とは違う国際貢献の手段、意義について考え、実践することを目的とする。

【学生に与える情報】

- 昨年度の BE 研究概要
- 開発途上国の社会経済状況を理解するための統計指数等の収集方法
- 開発途上国における社会調査手法とリスク管理
- 開発協力にかかわる国際機関、NGO 等の取り組み

【学生に考えさせるポイント】

- 開発途上国における社会的ニーズにはどのようなものがあり、その改善のために何ができるのか
- 開発途上国の人々はどのように生きているのか、知足と甘受の違いは何か、豊かさとは何か、自分はどうあるべきか

【想定成果】

- 開発途上国における現地とのコミュニケーションが最大のキーになると考えられる。しっかりとニーズを汲み取るだけではなく、こちらから提案＝教育していくことも含め製作していかなければならない。最終的には少なくともプロトタイプを現地に送り、試用してもらえるまでを想定。

【学習効果】最低限担保される学習効果と、展開次第で期待される効果

- 都市開発の考え方の変遷の理解
- 市民の意識調査の実践
- 今後の都市開発おあり方への考察

【協力企業／組織】実質／仮想のクライアント、ヒアリング先、提案先、等

- 都市開発を実践しているデベロッパーを、進捗に応じ選定、交渉する

【各研究テーマのセルフチェック❶】学生に開示します、いずれかを選択してください

(A)解決すべき問題群について：	(テーマ側で設定)	or	学生側の課題
(B)問題群からどの問題を選ぶか？：	テーマ側で設定	or	(学生側の課題)
(C)出すべき成果について：	(テーマ側で設定)	or	学生側の課題
(D)提案の制約条件について：	テーマ側で設定	or	(学生側の課題)
(E)具体的な提案先について：	(テーマ側で設定)	or	学生側の課題
(F)学生の立ち位置について：	テーマ側で設定	or	(学生側の課題)

※テーマ側とは、指導教員やクライアント（提案先）を意味します。
※目安として「テーマ側で設定」の項目が多ければ、成果指向のテーマの傾向となります。
※「学生側の課題」の項目が多すぎると、成果のレベルは下がり、学生側のモチベーションの維持が困難な傾向にあります。

【各研究テーマのセルフチェック❷】学生に開示します、いずれかを選択してください

各自の研究テーマの実施にあたり、下の項目から何を重要とするかお選びください(最大3つ)。

各項目の詳細については、添付の自己評価／他者評価分析シートをご覧ください。

((1)主体性)	(2)働きかけ力	((3)実行力)
((4)課題発見力)	(5)デザイン力	(6)創造性

テーマ設定シート 第2班

【指導教員】
山本孝夫、松塚充弘

【研究テーマ名】
「都市全体から密集市街地を考える」

【研究テーマの概要】
都市の安全面から改善すべき対象と評価されている密集市街地を、都市の魅力を構成する一部として再評価し、その良い点、改善のあり方を再考する。それにより、行き詰まりつつある大規模都市開発を再考し、成熟時代の都市とはどうあるべきかを考え、それを都市開発を担当する行政やデベロッパーなどに説明、説得するものとする。

【学生に与える情報】

- 大阪市内の密集市街地の概要
- 大阪の発展の概要と、それに伴う都市計画や開発の変遷の概要
- 現在の大阪が抱える問題点。都市開発に関する問題点

【学生に考えさせるポイント】

- 大阪市内の密集市街地の分布とその歴史的背景
- 具体的な大規模開発の調査
- 居住者やワーカーの視点に立った、2つの市街地に求める機能
- 密集市街地と大規模開発が共存するあるべき都市の全体像

【想定成果】

- 成熟の時代の、あるべき都市再生の姿を模索する力の会得
- デベロッパーや、市民へ、自分たちの考え方を伝える方法の会得
- 都市再生の現場で欠かせない、柔軟な思考と、行動力の会得

【学習効果】 最低限担保される学習効果と、展開次第で期待される効果

①社会動向・調査機関報告・独自予測からの情報収集と未来社会の予測と課題抽出
②心と体を見ることによって創出できる顧客価値に関する考察
③コンセプト立案と具体的なビジネスモデルの提案
④プレゼン＆ヒアリング能力の向上

【協力企業／組織】 実質／仮想のクライアント、ヒアリング先、提案先、等

- 企業、大学で、未来予測、心と体のセンシング、顧客価値創造に関するヒアリングを行う

【各研究テーマのセルフチェック❶】 学生に開示します、いずれかを選択してください

(A)解決すべき問題群について：　テーマ側で設定 or 学生側の課題
(B)問題群からどの問題を選ぶか？：　テーマ側で設定 or 学生側の課題
(C)出すべき成果について：　テーマ側で設定 or 学生側の課題
(D)提案の制約条件について：　テーマ側で設定 or 学生側の課題
(E)具体的な提案先について：　テーマ側で設定 or 学生側の課題
(F)学生の立ち位置について：　テーマ側で設定 or 学生側の課題

※テーマ側とは、指導教員やクライアント（提案先）を意味します。
※目安として「テーマ側で設定」の項目が多ければ、成果指向のテーマの傾向となります。
※「学生側の課題」の項目が多すぎると、成果のレベルは下がり、学生側のモチベーションの維持が困難な傾向にあります。

【各研究テーマのセルフチェック❷】 学生に開示します、いずれかを選択してください

各自の研究テーマの実施にあたり、下の項目から何を重要とするかお選びください（最大３つ）。

各項目の詳細については、添付の自己評価／他者評価分析シートをご覧ください。

(1)主体性　(2)働きかけ力　(3)実行力
(4)課題発見力　(5)デザイン力　(6)創造性

テーマ設定シート 第3班

【指導教員】
森田幸弘（パナソニック㈱）、北川雅俊、倉敷哲生

【研究テーマ名】
「心と体のセンシングによって新しい顧客価値を創造する」

【研究テーマの概要】
- メガトレンドと感性から未来の産業構造を描く
- 心と体のセンシング手法の現状調査と技術進展予測
- 心をセンシング、制御することによる付加価値の創造に関する考察とコンセプト提案
- 具体的な商品、サービスの提案と、悪用防止策の考察

【学生に与える情報】
- 未来予測に関する情報やキーワード
- 心と体のセンシングの技術動向
- ヒアリング先の手配
- 必要に応じて、コンセプト提案のための技術的な情報

【学生に考えさせるポイント】
- 多面的視点から、世界の現状、将来に関する調査、考察
- 社会インフラや産業構造のパラダイムシフト（非連続変化）予測
- 人（心と体）のセンシングの意義とその進歩
- 人（心と体）を見る（制御）することによる価値創造とそのコンセプト作り
- 具体的な項目や技術まで落とし込んだ顧客価値創造手段の提案（例えばコンセプトと技術の結合）

【想定成果】
- 未来予想図と顧客価値の変化
- 人（心と体）を見る意義とそれを用いた顧客価値創造のコンセプト
- コンセプトを実現する手段（具体的な技術提案を含む）として創出される新提案（具体的テーマや特許）

【学習効果】 最低限担保される学習効果と、展開次第で期待される効果

- アンケート調査とその分析に関する基礎(設問の設定、分析手法、他)
- 人口動態等を見据えた多角的かつ論理的な思考
- 具体的な施策の構築と提案先への提案

【協力企業/組織】 実質/仮想のクライアント、ヒアリング先、提案先、等

- 基本的には市役所あるいは商工会議所(もしくは、その両方)

【各研究テーマのセルフチェック❶】 学生に開示します、いずれかを選択してください

(A)解決すべき問題群について:	テーマ側で設定	or	(学生側の課題)
(B)問題群からどの問題を選ぶか?:	テーマ側で設定	or	(学生側の課題)
(C)出すべき成果について:	テーマ側で設定	or	(学生側の課題)
(D)提案の制約条件について:	(テーマ側で設定)	or	学生側の課題
(E)具体的な提案先について:	(テーマ側で設定)	or	学生側の課題
(F)学生の立ち位置について:	(テーマ側で設定)	or	学生側の課題

※テーマ側とは、指導教員やクライアント(提案先)を意味します。
※目安として「テーマ側で設定」の項目が多ければ、成果指向のテーマの傾向となります。
※「学生側の課題」の項目が多すぎると、成果のレベルは下がり、学生側のモチベーションの維持が困難な傾向にあります。

【各研究テーマのセルフチェック❷】 学生に開示します、いずれかを選択してください

各自の研究テーマの実施にあたり、下の項目から何を重要とするかお選びください(最大3つ)。

各項目の詳細については、添付の自己評価/他者評価分析シートをご覧ください。

(1)主体性	((2)働きかけ力)	(3)実行力
((4)課題発見力)	((5)デザイン力)	(6)創造性

テーマ設定シート 第4班

【指導教員】
森裕章、若本和仁、池田順治

【研究テーマ名】
「若者定住によるまちの活性化」

【研究テーマの概要】
阿南市を対象として、若者定住によるまちの活性化の具体的な施策を検討する。提案には、若者が定住を決める要因を明確にすること、多くの自治体ですでに取り組まれているようなアイデアを、準用するだけの提案は避けること、提案の提案先である市役所および商工会議所など関連団体との役割分担を明確にすること、等々を含め、以下の点に留意すること。

- 新　規　性：多くの自治体においてすでに取り組まれているような、一般的な施策だけではなく、一定の新規性が認められること
- 実現可能性：単に概念的な提案ではなく、具体的な施策として実現可能性が見込めること
- 事　業　性：提案を対象とする提出先に提示した後、具体的に関連団体が実行に移した際、一定の効果が見込めること

【学生に与える情報】

- 阿南市の市役所や商工会議所をはじめ関連団体が公開している計画書や報告書
- 阿南市や阿南商工会議所において、まちの活性化について検討している団体とその代表者（必要に応じて）
- 阿南市との連携協定に基づくこれまでの取り組み（必要に応じて）

【学生に考えさせるポイント】

- さまざまな視点からの調査の実施と、真に求められている施策の探求
- 既存の施策における問題点の明確化と、それに基づく解決策の提案
- 施策の具体的な実行に向けて、最も効果的と思われる提案先の選定と、実行時の役割分担の明確化

【想定成果】

- 施策として阿南市（市役所や商工会議所をはじめ関連団体）に提案するとともに、実施に向けた具体的な活動にまで言及することを想定

【学習効果】 最低限担保される学習効果と、展開次第で期待される効果

- ニーズ主導システムの考え方
- 実務担当者からのヒアリングを通じた情報収集能力、コミュニケーション能力
- シーズ調査及びニーズ調査の能力、及び両者のマッチング能力
- 新事業提案を考えることでのビジネスセンス

【協力企業／組織】 実質／仮想のクライアント、ヒアリング先、提案先、等

- 株式会社アイ・デザイン 石本社長

※ 遠心分離操作が不要な、真空採決チューブをデザイン。技術の権利保有者
※ 研究題材とすること、ヒアリング対象者となることについて内諾を得ています

【各研究テーマのセルフチェック❶】 学生に開示します、いずれかを選択してください

(A)解決すべき問題群について：　テーマ側で設定　or　学生側の課題（○）
(B)問題群からどの問題を選ぶか？：　テーマ側で設定（○）　or　学生側の課題
(C)出すべき成果について：　テーマ側で設定（○）　or　学生側の課題
(D)提案の制約条件について：　テーマ側で設定（○）　or　学生側の課題
(E)具体的な提案先について：　テーマ側で設定　or　学生側の課題（○）
(F)学生の立ち位置について：　テーマ側で設定　or　学生側の課題（○）

※テーマ側とは、指導教員やクライアント（提案先）を意味します。
※目安として「テーマ側で設定」の項目が多ければ、成果指向のテーマの傾向となります。
※「学生側の課題」の項目が多すぎると、成果のレベルは下がり、学生側のモチベーションの維持が困難な傾向にあります。

【各研究テーマのセルフチェック❷】 学生に開示します、いずれかを選択してください

各自の研究テーマの実施にあたり、下の項目から何を重要とするかお選びください（最大3つ）。

各項目の詳細については、添付の自己評価／他者評価分析シートをご覧ください。

（1）主体性　（2）働きかけ力　（3）実行力
（4）課題発見力（○）　（5）デザイン力（○）　（6）創造性（○）

テーマ設定シート 第5班

【指導教員】
平嶋竜一、清野智史

【研究テーマ名】
「上市済医療機器の再検討――遠心不要採血管を例として」

【研究テーマの概要】
技術的には非常に優れている医療機器が、ビジネス現場では必ずしも成功するとは限りません。本テーマでは、過去に上市された具体的な製品を例として、この問題を考えます。成功に至らなかった要因を、ヒアリング調査や文献調査を通じて分析してください。得られた知見を基にして改善点を抽出し、新たな事業プランを考え、適切な提案先への新規事業提案を行ってください。

【学生に与える情報】

- 既存製品に関する基本的な技術情報と、石本社長へのヒアリング日程(5月中旬を予定)のみ
- 情報収集の『方法』についてのアドバイスは行う

【学生に考えさせるポイント】

- 技術で優れた製品が必ずしも成功するとは限らない。その「Why」を徹底的に考える。具体例を題材とすることで、議論の発散を防ぐ
- 技術的・事業的な調査を網羅的に行い、その調査結果に基づいて「なぜ?」を考えさせる

※技術要素、コスト、ニーズとのマッチング、市場選定、マーケッターの選択、etc.

- その上で、その技術・製品が事業として成功するための提案をしてほしい

※ 同じ構造で採決量を増やすには?　採血スピードを上げるには? 等の技術要素
※ 事業規模を踏まえた上での提案先(大企業、ベンチャー?) 等の事業要素

【想定成果】

- 『新規事業プランを、アイデザイン社の立場から、大企業（例：パナソニックヘルスケア社）に行う』等が想定される。そこまで到達しなくても、最低限、石本社長からの評価は貰うことができる。

【学習効果】 最低限担保される学習効果と、展開次第で期待される効果

- 問題点の発見と課題の具体化の能力の向上
- 社会問題の基礎の習得
- 現状調査、実施例調査、経済性調査の実践
- 実現可能な実行プランの企画作成

【協力企業／組織】 実質／仮想のクライアント、ヒアリング先、提案先、等

- 大阪大学キャンパスデザイン室、施設部（仮想クライアント）
- 他の公共施設（ヒアリング先）

【各研究テーマのセルフチェック❶】 学生に開示します、いずれかを選択してください

（A）解決すべき問題群について： **テーマ側で設定** or 学生側の課題

（B）問題群からどの問題を選ぶか？： テーマ側で設定 or **学生側の課題**

（C）出すべき成果について： **テーマ側で設定** or 学生側の課題

（D）提案の制約条件について： **テーマ側で設定** or 学生側の課題

（E）具体的な提案先について： **テーマ側で設定** or 学生側の課題

（F）学生の立ち位置について： **テーマ側で設定** or 学生側の課題

※テーマ側とは、指導教員やクライアント（提案先）を意味します。
※目安として「テーマ側で設定」の項目が多ければ、成果指向のテーマの傾向となります。
※「学生側の課題」の項目が多すぎると、成果のレベルは下がり、学生側のモチベーションの維持が困難な傾向にあります。

【各研究テーマのセルフチェック❷】 学生に開示します、いずれかを選択してください

各自の研究テーマの実施にあたり、下の項目から何を重要とするかお選びください（最大3つ）。

各項目の詳細については、添付の自己評価／他者評価分析シートをご覧ください。

（1）主体性　**（2）働きかけ力**　（3）実行力

（4）課題発見力　（5）デザイン力　**（6）創造性**

テーマ設定シート 第６班

【指導教員】
池内祥見（キャンパスデザイン室）、中川貴

【研究テーマ名】
「大阪大学の交通問題を解決する」

【研究テーマの概要】
大阪大学の交通問題（車・バイク）を解決するため、問題調査・解決策提案をする。
提案には以下の点に留意すること。
●有　用　性：提案内容が具体的で問題解決の効果があること
●実現可能性：費用面など経済性の検討とともに、技術的観点、他事例の調査などから実現可能性を考慮すること
●持続可能性：提案内容を維持・継続していく体制や仕組みを考慮すること

【学生に与える情報】
- 学内の交通問題の現状の取り組みに関する資料
- 大阪大学への苦情、事故例
- 学内での意志決定の仕組み

【学生に考えさせるポイント】
- 利用者の視点からの問題抽出、利用していない立場からの問題抽出（ニーズ多角的視野）
- 技術的な観点からの解決策の検討（技術的視野）
- 組織的な観点からの解決策の模索（組織的視野）

【想定成果】
- キャンパスデザイン室、施設部への提案
- 学内 WG（戦略、交通など）での提案
- 施設マネジメント委員会（理事参加規模）での提案 これらを２サイクル程度で大学に採択

【学習効果】最低限担保される学習効果と、展開次第で期待される効果

- まちづくりやまちづくりビジネスにかかわるスキーム・ネットワークづくりに対する理解
- コンセプトメイキングに関する能力の取得
- 多様な価値観への理解
- 将来イメージの構築とそれを実現するためのバックキャストによるプロセスへの展開

【協力企業／組織】実質／仮想のクライアント、ヒアリング先、提案先、等

- 現段階で想定するものはないが、必要に応じて行政・企業・市民団体等へのアプローチを行う
- 特定のフィールドが決まれば、それに関連する行政・企業・市民団体等に提案し、議論を行ってもよい

【各研究テーマのセルフチェック❶】 学生に開示します、いずれかを選択してください

（A）解決すべき問題群について：	テーマ側で設定（○）	or	学生側の課題
（B）問題群からどの問題を選ぶか？：	テーマ側で設定	or	学生側の課題（○）
（C）出すべき成果について：	テーマ側で設定（○）	or	学生側の課題
（D）提案の制約条件について：	テーマ側で設定（○）	or	学生側の課題
（E）具体的な提案先について：	テーマ側で設定	or	学生側の課題（○）
（F）学生の立ち位置について：	テーマ側で設定（○）	or	学生側の課題

※テーマ側とは、指導教員やクライアント（提案先）を意味します。
※目安として「テーマ側で設定」の項目が多ければ、成果指向のテーマの傾向となります。
※「学生側の課題」の項目が多すぎると、成果のレベルは下がり、学生側のモチベーションの維持が困難な傾向にあります。

【各研究テーマのセルフチェック❷】 学生に開示します、いずれかを選択してください

各自の研究テーマの実施にあたり、下の項目から何を重要とするかお選びください（最大3つ）。

各項目の詳細については、添付の自己評価／他者評価分析シートをご覧ください。

（1）主体性（○）	（2）働きかけ力	（3）実行力
（4）課題発見力（○）	（5）デザイン力	（6）創造性（○）

テーマ設定シート 第7班

【指導教員】
武田裕之、加賀有津子

【研究テーマ名】
「人口減少社会におけるまちづくりビジネスの創出」

【研究テーマの概要】
現在の都市はこれまでの人口増加や経済成長を前提とした都市計画を起因とした多くの都市問題を抱えている。さらに人口減少社会を迎え、これらの課題はさらに顕著なものとなりつつある。こういった中で民間のノウハウや活力を積極的にまちづくりに活かそうと産学官（公民官）連携のまちづくりを推進しようとする動きがある。自治体にとっては人口減少によって減少する財政や都市スプロール（虫食い状の宅地開発）がもたらした都市空間の維持管理費の減少を図ることができ、民間企業にとっては新たなビジネスフィールドでの事業をもくろむことができる。さらに住民を組織することでよりよい住環境の実現も住民の手によって目指すきっかけにもなるなど、それぞれの立場においてメリットがあるが、まちづくりに対する責任の所在、イニシャル・ランニング共に費用負担の配分、目指すべき方向性の相違など、多くの課題も生じている。ここでは行政・企業・住民のいずれかの立場に立ち、三方良しとなるような新たなまちづくりビジネスを提案し、今後の都市やまちの運営の在り方について熟議することを目的とする。

【学生に与える情報】
- 都市に関する統計情報の取得場所
- 現在のまちづくりにおける課題（場合によっては成果）
- まちづくりを行っていく上での基礎的な視点

【学生に考えさせるポイント】
- 良好な環境と経済の両立（持続的なまちづくり）のためには必要なフレーム、ネットワーク
- 現在のニーズと将来のニーズを満たす都市・まちの在り方（Sustainable Development）
- 長期的な視点でのビジネススキーム

【想定成果】
- 目指すべき社会の姿、まちの将来像の創出
- まちづくりに資するビジネススキームと概算レベルでの収支
- 産官学（公民官）のそれぞれの立場における役割

【**学習効果**】最低限担保される学習効果と、展開次第で期待される効果

- 調査およびインタビュー法。結果の妥当性検証などのスキル
- 既存テクノロジーの調査、選択と組合せの実践
- 専門分野外への参入し提言する能力

【**協力企業／組織**】実質／仮想のクライアント、ヒアリング先、提案先、等

- 日本障害者陸上競技連盟、和歌山医大、補装具メーカー数社、数人のアスリート

【**各研究テーマのセルフチェック❶**】学生に開示します、いずれかを選択してください

(A)解決すべき問題群について：　テーマ側で設定　or　学生側の課題

(B)問題群からどの問題を選ぶか?：　テーマ側で設定　or　学生側の課題

(C)出すべき成果について：　テーマ側で設定　or　学生側の課題

(D)提案の制約条件について：　テーマ側で設定　or　学生側の課題

(E)具体的な提案先について：　テーマ側で設定　or　学生側の課題

(F)学生の立ち位置について：　テーマ側で設定　or　学生側の課題

※テーマ側とは、指導教員やクライアント(提案先)を意味します。
※目安として「テーマ側で設定」の項目が多ければ、成果指向のテーマの傾向となります。
※「学生側の課題」の項目が多すぎると、成果のレベルは下がり、学生側のモチベーションの維持が困難な傾向にあります。

【**各研究テーマのセルフチェック❷**】学生に開示します、いずれかを選択してください

各自の研究テーマの実施にあたり、下の項目から何を重要とするかお選びください(最大3つ)。

各項目の詳細については、添付の自己評価／他者評価分析シートをご覧ください。

(1)主体性　(2)働きかけ力　(3)実行力

(4)課題発見力　(5)デザイン力　(6)創造性

テーマ設定シート　第8班

【指導教員】

松田靖史（川村義肢㈱）、上西啓介

【研究テーマ名】

「超人を創る」


【研究テーマの概要】

“障害を持つ人が健常者を超えるには？”

人間の身体に人工の補填物や外装物を付ける事によって、ノーマルな人間よりも能力を高める。なんでもありのスーパーマンの夢物語を作るのではなく、2020 東京パラリンピックに出場する心身の障害（ハンディキャップ）を持った人々（パラリンピアン）に、科学技術の何を用いればオリンピック選手（オリンピアン）を超える“超人”となりえるか。また健常な人を超える能力を持つ倫理の問題、貧富や国際勢力などによる不平等さについても考える。


【学生に与える情報】
- 人体に装着する補装具（福祉機器、義肢装具）の概略
- 研究テーマの背景

【学生に考えさせるポイント】
- 既存技術とクライアントのヒアリング、使用できる異分野の技術の調査
- 調査結果から見出した理想の技術と機材の組み合せ、そのゴール
- ゴールが社会に与える効果と問題点（技術や倫理）

【想定成果】
- スポーツにおける走る / 跳ぶ / 泳ぐなど狭い領域に限れば人工補填物が生体を超えられる事にはすぐに気づく。しかし人工物で補強されたサイボーグの是非は？　技術面、社会面、倫理面における問題点を洗い出し、それらを乗り越えた提言（人類と社会に貢献できる何か）を期待する。

あとがき

BE専攻とBE研究の黎明期に教授として在職された3名の先生方に、あとがきを執筆いただきました。

BE研究への期待

2015年のラグビーワールドカップで日本代表は世界の強豪南アフリカ代表と対戦し、歴史的勝利を挙げました。その勝利への道のりは指導者エディー・ジョーンズが日本代表のヘッドコーチに加わったときに始まったのです。世界を知る彼は世界で勝つには何が必要かを選手に叩き込み、選手はそれに応えてレベルアップした結果の勝利だったということです。スクラムを組む人、走る人、蹴る人、日本国籍の外国人選手もいました。それぞれがそれぞれの最高の役割を果たし、そして優れたコミュニケーションと統率によるチーム力を発揮したのでした。

BE専攻に思いを馳せながらペンを手にしてみると、BE専攻が目指そうとすることとラグビー日本代表の感動の軌跡が重なるとの思いを改めて強くしました。

BE専攻の教育プログラムの目玉であるBE研究は、イノベーションの演習そのものといえると思いますが、専攻の先生方の並々ならぬ運営努力に加えて、

①集う学生がイノベーションに関心が高く、かつ、専門分野が異なる

②さまざまな業界出身の連携教員の方々からの指導が受けられる

ことが、コミュニケーション力や社会性などの涵養につながっているものと思われます。時として、

ある人はリーダーシップを発揮し、ある人はその補佐となることもあるでしょう。しかし、いずれにしても各々が、役割を発揮してチームとしての結果を出すという体験を通じてさまざまなことを学んできたマインドの根っこを持った人材をこそ、社会は歓迎するものと思います。この根っこさえ持っていれば、社会で研鑽を重ねるにしたがい大きく成長するものと確信します。

「人生とは自分を見つけることではない。人生とは自分を創ることである」とはアイルランドの教育家バーナード・ショーの言葉です。BE研究が学生たちにとっての改めての人生へのターニングポイントになることを願ってやまないものです。

昨年、久しぶりにBEシンポジウムに出席し、一気に往時にタイムスリップしたことを憶えています。BE研究のポスターの前では、ついつい口癖の「何故？……」を連発してしまいましたが、それに対する説明にとどまらず議論にまで発展する学生たちの熱い姿勢には大いに感心させられました。また、各方面で活躍している卒業生からのメッセージには大変勇気付けられました。これからは卒業生たちに専攻の教育プログラムにさまざまな形で参画してもらえるのではないかと想像すると、夢は膨らみます。

BE専攻の立ち上げから早や10年余、BE研究を始めとする専攻の教育活動が着実な結果を出していることに対して、それを継続・発展させてこられた専攻の関係者の皆様には敬意を表さずにはいられません。そして今後の益々の発展を祈念するものです。

２０１６年１月

佐藤武彦

ＯＪＥの創生

この度のＯＪＥ法にかかわる本書の出版に向けて、光栄にもこれに携わった教員の一人として、一筆の機会を得た。ここに本手法のさらなる発展を期待し、ＯＪＥに至った経緯を述べる。

本専攻設置については、世の中の価値判断の変化とそれを担う人材育成にある。すなわち、１９８０年代後半にはその規格大量生産社会を実現した結果、「ものづくり大国」となり、「Japan as No.1」と言われる経済の繁栄を謳歌できた。しかし、経済活動のグローバル化の中、生産技術の開発により同じ製品ならどこでも生産できるようになったこと。また、価値観が、「物価」ではなく機能や個人の趣向を中心としたモノに価値を見出す「知価」に変化し、その対応の遅れが、我が国の競争力低下を招いた。

近代工業社会から知価社会への変革には、「技術知」を社会に広げ、認知させる方法の確立が必須である。そのためには、「技術知」をマネジメントし、知価社会の発展と維持を担える人材を育成することが重要である。このような人材育成には、異分野融合や連携などを含め新しい工学的な研究開発から経営学的な戦略構築まで、これまでとは異なる幅広い能力を育成する必要がある。この目的の達成のために、知価社会における「技術知」のデザインから、社会環境に配慮したものづくりや都市活性化のマネジメントを具現化できる人材、さらには、知価社会において新しい技術知のビジネス展開、およびその経営を目指す人材の育成を図る必要がある。

かかることから、上記人材育成のために、平成16年4月1日に大阪大学大学院工学研究科にビジネスエンジニアリング専攻（博士課程）が開設された。専攻には、「テクノロジーデザイン講座」と「技術知マネジメント講座」の二つの大講座が設置された。

専攻設置のため、平成14年から準備委員会において趣旨、教育理念が検討された。平成15年4月から当時の工学研究科長の馬越佑吉教授が室長となり、設置準備室が設けられた。議論されていた理念を基に、研究科で決定、設置計画書を提出するために、カリキュラム、教員（含む連携教員）などの提案、議論、資料作成が勧められた。私は、この設置準備委員会の委員として参画し、新たなカリキュラム作成の提案を命じられ、計画書作成の期限の10月まで、毎日のようにカリキュラムと魅力ある教育手法を考え、立案することになった。

海外など多くの大学には、MOTのコースの設置を含め、工学経営に特色ある科目が設置されている。ビジネスエンジニアリング専攻では、大学教員10名のほか、企業から派遣された社員6名が客員教員として所属を提案されていることから、ケーススタディなど実践型演習には、より実社会に近いプロジェクトを実感できるテーマ設定が出来ることが、利点であった。

一方、アメリカにおいて、企業の新人教育に適用するために1960年代にOJT（On the Job Training）教育方式が開発された。詳しくは本書の第4章を参照してほしいが、その後、学校では、PBL（Problem/Project based Learning）が、課題発見と解決手法提案に有効な教育手法として適用されている。これらの教育手法は、それぞれ特徴があり、効果が示されているが、設置予定の本専攻では、異分野融合やそこから新たな技術開発を促すことに目標があるので、実践的だけではなく、お互いの能力を融合する教育手法が必要であった。

理解力については、アメリカの国立訓練研究所の調査結果によると講義とデモンストレーションを用いても理解できる割合は30％にとどまり、その上に、討論と演習を用いれば75％の向上となる。また、お互いに教え合うことにより90％にまで向上することが報告されている。これらの知見を教育に生かすべく、実践型テーマを基に、異分野の学生が、お互いに学び合え、新規技術や価値の発見を目標とした、ＯＪＥ（On the Job Education）を考案した。したがって、評価は、課題の結果にあるのではなく、そこに至るプロセス（考え方）にあるところに特徴がある。

より効果的な教育法とするため、演習科目だけではなく、ＯＪＥ科目群として、科目全体に理念を適用し、目的とする人材育成を図ることを立案し、平成15年10月より研究科長と本専攻に所属される鳴海邦碩教授、経済学研究科のＭＯＴコースの教授など設置にかかわる教員と協議し、カリキュラムをまとめ、設置審に申請した。その後、教育プログラムについて関わる全教員による協議を経て、平成16年度より実施に至った。カリキュラムの「ビジネスエンジニアリング研究」については、より効果を期するために、各グループで取り組んだ中間報告書を基に全体で討論し、その結果を反映して再度取り組む手法が、鳴海邦碩教授を中心に議論し、実施された。

一方、ＯＪＥ主法を広めると共に社会的評価を受ける目的で、実践型教育プログラムとして、当時の研究科長の豊田政男教授をリーダーにＯＪＥ教育手法を経済産業省に提案したところ、平成17年から2年間の教育プログラムとして採択され、受講生から異分野の受講生との議論と取り組み手法について効果あるとの評価を得たことは、教員一同大きな自信となった。

その後、10年の経過と共に、多くの教員、学生の意見が採用され、手法が充実されていることは喜びとするところである。さらなる進化発展と、修了生が各界の第一線で活躍する姿の実現を期待している。

座古　勝

2016年1月

新しい工学教育と「ＯＪＥ」――立案の私的背景から

ビジネスエンジニアリング（以下ＢＥと略す）専攻が設置されたのが２００４（平成16）年のことでもう12周年になる。本書のテーマである「ＢＥ研究」については、立案にかかわった者として筆者なりの思い入れもあるので、この機会に当時を振り返り、思考の経緯を整理しておきたい。

筆者が大阪大学を退職したのは２００８（平成20年）３月のことで、大阪大学大学院に新しく立ち上がったＢＥ専攻での教育に４年間従事して退職したことになる。そういう点で、ＢＥ専攻の立ち上げとそこでの教育は、筆者の大学教員生活の締めの仕事の一つでもあった。

阪神・淡路大震災から３年経った１９９８年、大阪に本拠地を置く企業を中心とする都市大阪創生研究会（略称、創生研）を立ち上げた。目的は「大阪の魅力アップに貢献する」こととし、新しい時代に向けての都市のリノベーションは、行政まかせではなく、市民的な支持を得ながら、行政・民間のパートナーシップによって実現されるべき、と趣旨を訴えた。阪神・淡路の震災復興の経験が都市づくりに大きな影響を与えたことが背景にある。

この研究会は若手の人材育成をサブテーマにしており、意見交換で次のような実態の紹介もあった。若手の社員に、「プロジェクトの可能性についてできるだけたくさんのアイディアを考えてプレゼンして欲しい」というタスクを課すと、「部長、できました、これしかありません」とただ一つのアイディアをもってくる。大学で成績が優秀だった人にそういうタイプが多い。優秀だから「一つの解」を探してしまい、「可能性をいろいろ想像する」のが苦手な人が多くなっているというのである。人材育成の方法としては、「プロジェクトを通じたＯＪＴが基本」、「縦割りではなく横断的に取り組める機会」、「社員を社外で教育できるような場所」、「実践的・自発的トレーニングの場」、「全体を動かす、まとめる能力の醸成」、「教科書的知識ではなく、地域にあった解を探す」などの意見がメンバーからのアンケートに示された。こうした意見を参考にして、研究会では若手のワーキンググループの活動を立ち上げた。これを創生研ＷＧと呼び、この活動から筆者が得た知見が「ＢＥ研究」のあり方を考える上で大いに参考になった。

２００２年、大学評価・学位授与機構の大学評価委員に就任し、二つの大学の工学系学部・研究科の評価を行った。機構における準備の会合の中で、海外の大学における教育改革の取り組みに関する情報提供があり、そのなかでイギリスの工学教育に関するものに示唆を得た。

イギリスは世界の国ぐにに先駆けて産業革命が起こった国であるが、経済に占める製造業の割合は１９６０年代以降低下し続けている。産業をリードする工学を活性化させる方策を検討したイギリス政府は、「工学教育へのデザイン教育の導入」を結論の一つとした。「唯一ではなく複数の解があり」、「それを磨いて優れた解に仕上げていく」のが「デザインの役割」であり、こうした取り組みが工学にも必要であるという考えである。「唯一の解を求める」教育だけでは想像力が生れないというのである。教育に関する課題認識はこのようなところまで来ているのかと目からうろこであった。

「解が一つでなく複数のアイディアを提示できる」。これはイギリスの工学教育の改革でも重視された点であった。「複数のアイディア」から収れんさせ磨き上げながら解を求めていく、このプロセスが重要なのである。大学教育の評価の重要な視点を学んだわけだが、その知見は、BE専攻、そして「BE研究」の組み立てにおいて、意識せずとも大きな影響を与えることになったのである。

筆者の個人的な立場からはこのような状況下でBE専攻が立ち上がり、その重要な科目の一つとして「BE研究」がスタートすることになったのである。当時の資料のなかに2004年4月16日付けの「BE研究」に関する私的なメモがあったので紹介しておく。

【BE研究で工夫していきたい点】

●具体的・実際的な題材／実社会において、取り組まれている、具体的かつ先端的・先進的題材を対象とする。

●少人数、できればマンツーマン方式／専攻内教官が全員かかわるとともに、連携教官の協力も得て、きめ細かに指導する体制を組む。

●多様な人材と接する／学生に比べ、数歳から10歳年上の専門家とコラボレーションする機会をできるだけ設ける。連携研究者の研究組織、他専攻の博士後期課程学生等の協力を求める。

●社会意識の養成／外部企業・自治体職員・市民等とコミュニケーションする機会を設け、社会性を養う。

ここに示されているように「BE研究」では、複数のいわば「手練れ」の人材が教育に参加することが期待されていた、人数に限りがある専攻教員だけではこなすのが難しいため、連携教官の協力を得ることになった。筆者が担当した「都市再生分野」については、関西電力および大阪ガスからの協力を得ることになった。いずれも先に述べた都市大阪創生研究会のメンバー企業で、この協力がなければ「ＢＥ研究」の推進が不可能であったと今も考えている。ここに改めて感謝の意を表しておきたい。

後日談だが、退職後、２０１２年６月11日に、ＢＥの１年生、２年生に特別講義をする機会を得た。東日本大震災が発災して１年少し経った時期であり、講義のテーマを「震災復興の実際と期待される人の力」とさせていただいた。

数日後、特別講義の世話人の先生から講義の内容に関する学生の感想文を送っていただいた。学生たちは、震災復興をテーマとした講義の中に、「ＢＥ研究」がねらいとしているようなポイントについて確かに関連性を見出し、震災復興のこれから、あるいは自分の研究の展望について論じていたのである。ＢＥ専攻の学生はなかなか大人だなと思った。これからの一層の発展に期待したい。

２０１６年１月

鳴海邦碩

【編著者】

■大阪大学工学研究科ビジネスエンジアリング専攻

■米谷 淳（まいや・きよし）

神戸大学教授。神戸大学大学教育推進機構・大学教育研究推進室長。

専門は、実験心理学、社会心理学。

著書に、猪崎弥生・酒向治子・米谷淳（編）『ダンスとジェンダー』（2015）一二三書房、米谷淳「構えと錯視」後藤倬男・田中平八（編）『錯視の科学ハンドブック（2005）東京大学出版会、米谷淳・鎌田美智子（編）『看護場面におけるコミュニケーションガイド』（2000）日総研出版、看護対人行動学研究会（編）『リーダーシップ＆コミュニケーション対処術』（2000）日総研出版、他がある。


うまくやれる工学のアクティブラーニング　ＯＪＥ

発行日　２０１６年３月24日 初刷第１刷発行〔検印廃止〕
編著者　大阪大学工学研究科ビジネスエンジニアリング専攻
　　　　神戸大学教授・米谷 淳
発行所　大阪大学出版会
代表者　三成賢次
　　　　〒５６５-０８７１
　　　　大阪府吹田市山田丘2-7 大阪大学ウエストフロント
　　　　電　話：０６-６８７７-１６１４（直通）
　　　　ＦＡＸ：０６-６８７７-１６１７
　　　　ＵＲＬ：http://www.osaka-up.or.jp

印刷・製本　日本印刷出版株式会社
ブックデザイン　荒西玲子

Prrinted in Japan
ISBN 978-4-87259-518-5 C2037